LE CHANDELIER

Alfred de Musset

Copyright © 2022 Alfred de Musset
Édition : BoD – Books on Demand, info@bod.fr.
Impression : BoD – Books on Demand,
 In de Tarpen 42, Norderstedt (Allemagne)
Impression à la demande
ISBN : 978-2-3224-2575-4
Dépôt légal : juillet 2022
Mise en page et maquettage : https://reedsy.com/
Tous droits réservés pour tous pays.

PERSONNAGES

MAITRE ANDRÉ, notaire.

JACQUELINE, sa femme.

CLAVAROCHE, officier de dragons.

FORTUNIO, Clerc.

LANDRY, Clerc.

Guillaume, Clerc.

Une Servante, Un Jardinier, etc.

                                                                                                         Une petite ville.

ACTE I

SCENE I

Une chambre à coucher.

JACQUELINE, dans son lit.
Entre MAITRE ANDRÉ en robe de chambre.

MAITRE ANDRÉ
Holà, ma femme ! hé, Jacqueline ! hé, holà, Jacqueline, ma femme ! La peste soit de l'endormie. Hé, hé, ma femme, éveillez-vous ! Holà, holà! levez-vous, Jacqueline. Comme elle dort ! Holà, holà, holà, hé, hé, hé, ma femme, ma femme, ma femme! c'est moi, André, votre mari, qui ai à vous parler de choses sérieuses. Hé, hé, pstt, pstt, hem ! brum ! frum ! pstt ! Jacqueline, êtes-vous morte ? Si vous ne vous éveillez tout à l'heure, je vous coiffe du pot à l'eau.

JACQUELINE
Qu'est-ce que c'est, mon bon ami ?

MAITRE ANDRÉ
Vertu de ma vie, ce n'est pas malheureux. Finirez vous de vous tirer les bras? c'est affaire à vous de dormir. Ecoutez-moi, j'ai à vous parler. Hier au soir, Landry, mon clerc...

JACQUELINE
Hé, mais, bon Dieu, il ne fait pas jour. Devenez vous fou, maître André, de m'éveiller ainsi sans raison ? de grâce, allez vous recoucher. Est-ce que vous êtes malade ?

MAITRE ANDRÉ
Je ne suis ni fou ni malade, et vous éveille à bon escient. J'ai à vous parler maintenant ; songez d'abord à m'écouter, et ensuite à me répondre. Voilà ce qui est arrivé à Landry, mon clerc ; vous le connaissez bien...

JACQUELINE
Quelle heure est-il donc, s'il vous plaît ?

MAITRE ANDRÉ
Il est six heures du matin. Faites attention à ce que je vous dis ; il ne s'agit de rien de plaisant, et je n'à pas sujet de rire. Mon honneur, madame, le

vôtre, et notre vie peut-être à tous deux, dépendent de l'explication que je vais avoir avec vous. Landry, mon clerc, a vu cette nuit...

JACQUELINE
Mais, maître André, si vous êtes malade, il fallait m'avertir tantôt. N'est-ce pas à moi, mon cher coeur, de vous soigner et de vous veiller ?

MAITRE ANDRÉ
Je me porte bien, vous dis-je ; êtes-vous d'humeur à m'écouter ?

JACQUELINE
Eh ! mon Dieu, vous me faites peur; est-ce qu'on nous aurait volés ?

MAITRE ANDRÉ
Non, on ne nous a pas volés. Mettez-vous là, sur voue séant, et écoutez de vos deux oreilles. Landry, mon clerc, vient de m'éveiller, pour me remettre certain travail qu'il s'était chargé de finir cette nuit. Comme il était dans mon étude...

JACQUELINE
Ah ! sainte Vierge, j'en suis sûre! vous aurez eu quelque querelle à ce café où vous allez.

MAITRE ANDRÉ
Non, non, je n'ai point de querelle, et il ne m'est rien arrivé. Ne voulez-vous pas m'écouter ? Je vous dis que Landry, mon clerc, a vu un homme, cette nuit, se glisser par votre fenêtre.

JACQUELINE
Je devine à votre visage que vous avez perdu au jeu.

MAITRE ANDRÉ
Ah ! ça, ma femme, êtes-vous sourde ? Vous avez un amant, madame ; cela est-il clair ? Vous me trompez.
Un homme, cette nuit, a escaladé nos murailles.
Qu'est-ce que cela signifie ?

JACQUELINE
Faites-moi le plaisir d'ouvrir le volet.

MAITRE ANDRÉ
Le voilà ouvert; vous bâillerez après dîner; Dieu merci, vous n'y manquez guère. Prenez garde à vous, Jacqueline ! Je suis un homme d'humeur

paisible, et qui ai pris grand soin de vous. J'étais l'ami de votre père, et vous êtes ma fille presque autant que ma femme. J'ai résolu, en venant ici, de vous traiter avec douceur ; et vous voyez que je le fais, puisque avant de vous condamner je veux m'en rapporter à vous, et vous donner sujet de vous défendre et de vous expliquer catégoriquement. Si vous refusez, prenez garde. Il y a garnison dans la ville, et vous voyez, Dieu me pardonne, bonne quantité de hussards. Votre silence peut confirmer des doutes que je nourris depuis longtemps.

JACQUELINE
Ah ! maître André, vous ne m'aimez plus. C'est vainement que vous dissimulez, par des paroles bienveillantes la mortelle froideur qui a remplacé tant d'amour. Il n'en eût pas été ainsi jadis ; vous ne parliez pas de ce ton ; ce n'est pas alors sur un mot que vous m'eussiez condamnée sans m'entendre. Deux ans de paix, d'amour et de bonheur, ne se seraient pas, sur un mot, évanouis comme des ombres. Mais quoi! la jalousie vous pousse; depuis longtemps la froide indifférence lui a ouvert la porte de votre coeur. De quoi servirait l'évidence, l'innocence même aurait tort devant vous. Vous ne m'aimez plus, puisque vous m'accusez.

MAITRE ANDRÉ
Voilà qui est bon, Jacqueline, il ne s'agit pas de cela.
Landry, mon clerc, a vu un homme...

JACQUELINE
Eh ! mon Dieu, j'ai bien entendu. Me prenez-vous pour une brute, de me rebattre ainsi la tête ? C'est une fatigue qui n'est pas supportable.

MAITRE ANDRÉ
A quoi tient-il que vous ne répondiez ?

JACQUELINE, pleurant.
Seigneur, mon Dieu, que je suis malheureuse! qu'est-ce que je vais devenir ? Je le vois bien, vous avez résolu ma mort ; vous ferez de moi ce qui vous plaira ; vous êtes homme, je suis femme ; la force est de votre côté. Je suis résignée ; je m'y attendais ; vous saisissez le premier prétexte pour justifier votre violence. Je n'ai plus qu'à partir d'ici ; je m'en irai avec ma fille, dans un couvent, dans un désert, s'il est possible; j'y emporterai avec moi, j'y ensevelirai dans mon coeur le souvenir du temps qui n'est plus.

MAITRE ANDRÉ
Ma femme, ma femme, pour l'amour de Dieu et des saints, est-ce que vous vous moquez de moi ?

JACQUELINE
Ah ! ça, tout de bon, maître André, est-ce sérieux ce que vous dites ?

MAITRE ANDRÉ
Si ce que je dis est sérieux? Jour de Dieu! La patience m'échappe, et je ne sais à quoi il tient que je ne vous mène en justice.

JACQUELINE
Vous, en justice ?

MAITRE ANDRÉ
Moi, en justice; il y a de quoi faire damner un homme d'avoir affaire à une telle mule; je n'avais jamais ouï dire qu'on pût être aussi entêté.

JACQUELINE, Sautant à bas du lit.
Vous avez vu un homme entrer par la fenêtre? L'avez-vous vu, monsieur, oui ou non ?

MAITRE ANDRÉ
Je ne l'ai pas vu de mes yeux.

JACQUELINE
Vous ne l'avez pas vu de vos yeux, et vous voulez me mener en justice ?

MAITRE ANDRÉ
Oui, par le ciel ! si vous ne répondez.

JACQUELINE
Savez-vous une chose, maître André, que ma grand mère a apprise de la sienne ? Quand un mari se fie à sa femme, il garde pour lui les mauvais propos, et quand il est sûr de son fait, il n'a que faire de la consulter.
Quand on a des doutes, on les lève ; quand on manque de preuves, on se tait; et quand on ne peut pas démontrer qu'on a raison, on a tort. Allons, venez; sortons d'ici.

MAITRE ANDRÉ
C'est donc ainsi que vous le prenez ?

JACQUELINE
Oui, c'est ainsi ; marchez, je vous suis.

MAITRE ANDRÉ
Et où veux-tu que j'aille à cette heure ?

JACQUELINE
En justice.

MAITRE ANDRÉ
Mais, Jacqueline...

JACQUELINE
Marchez, marchez ; quand on menace, il ne faut pas menacer en vain.

MAITRE ANDRÉ
Allons, voyons, calme-toi un peu.

JACQUELINE
Non ; vous voulez me mener en justice, et j'y veux aller de ce pas.

MAITRE ANDRÉ
Que diras-tu pour ta défense ? dis-le-moi aussi bien maintenant.

JACQUELINE
Non, je ne veux rien dire ici.

MAITRE ANDRÉ
Pourquoi?

JACQUELINE
Parce que je veux aller en justice.

MAITRE ANDRÉ
Vous êtes capable de me rendre fou, et il me semble que je rêve. Eternel Dieu, créateur du monde ! je m'en vais faire une maladie. Comment? quoi? cela est possible ? J'étais dans mon lit ; je dormais, et je prends les murs à témoin que c'était de toute mon âme.
Landry, mon clerc, un enfant de seize ans, qui de sa vie n'a médit de personne, le plus candide garçon du monde, qui venait de passer la nuit à copier un inventaire, voit entrer un homme par la fenêtre ; il me le dit, je prends ma robe de chambre, je viens vous trouver en ami, je vous demande pour toute grâce de m'expliquer ce que cela signifie, et vous me

dites des injures ! vous me traitez de furieux, jusqu'à vous élancer du lit et à me saisir à la gorge ! Non, cela passe toute idée ; je serai hors d'état pour huit jours de faire une addition qui ait le sens commun. Jacqueline, ma petite femme ! c'est vous qui me traitez ainsi !

JACQUELINE
Allez, allez, vous êtes un pauvre homme.

MAITRE ANDRÉ
Mais enfin, ma chère petite, qu'est-ce que cela te fait de me répondre ? Crois-tu que je puisse penser que tu me trompes réellement ? Hélas ! mon Dieu, un mot te suffit. Pourquoi ne veux-tu pas le dire ? C'était peut être quelque voleur qui se glissait par notre fenêtre ; ce quartier-ci n'est pas des plus sûrs, et nous ferions bien d'en changer. Tous ces soldats me déplaisent fort, ma toute belle, mon bijou chéri. Quand nous allons à la promenade, au spectacle, au bal, et jusque chez nous, ces gens-là ne nous quittent pas ; je ne saurais te dire un mot de près sans me heurter à leurs épaulettes, et sans qu'un grand sabre crochu ne s'embarrasse dans mes jambes. Qui sait si leur impertinence ne pourrait aller jusqu'à escalader nos fenêtres ? Tu n'en sais rien, je le vois bien ; ce n'est pas toi qui les encourages ; ces vilaines gens sont capables de tout. Allons, voyons, donne la main ; est-ce que tu m'en veux, Jacqueline?

JACQUELINE Assurément, je vous en veux. Me menacer d'aller en justice ! Lorsque ma mère le saura, elle vous fera bon visage !

MAITRE ANDRÉ
Hé ! mon enfant, ne le lui dis pas. A quoi bon faire part aux autres de nos petites brouilleries? Ce sont quelques légers nuages qui passent un instant dans le ciel, pour le laisser plus tranquille et plus pur.

JACQUELINE
A la bonne heure; touchez là.

MAITRE ANDRÉ
Est-ce que je ne sais pas que tu m'aimes ? Est-ce que je n'ai pas en toi la plus aveugle confiance ? Est-ce que depuis deux ans tu ne m'as pas donné toutes les preuves de la terre que tu es toute à moi, Jacqueline ?
Cette fenêtre, dont parle Landry, ne donne pas tout à fait dans ta chambre ; en traversant le péristyle, on va par là au potager; je ne serais pas étonné que notre voisin, maître Pierre, ne vint braconner dans mes espaliers ; va, va, je ferai mettre notre jardinier ce soir en sentinelle, et le piège à loup dans l'allée ; nous rirons demain tous les deux.

JACQUELINE
Je tombe de fatigue, et vous m'avez éveillée bien mal à propos.

MAITRE ANDRÉ
Recouche-toi, ma chère petite; je m'en vais, je te laisse ici. Allons, adieu, n'y pensons plus. Tu le vois, mon enfant, je ne fais pas la moindre recherche dans ton appartement ; je n'ai pas ouvert une armoire; je t'en crois sur parole ; il me semble que je t'en aime cent fois plus, de t'avoir soupçonnée à tort et de te savoir innocente. Tantôt je réparerai tout cela ; nous irons en campagne, et je te ferai un cadeau. Adieu, adieu, je te reverrai.
Il sort.
Jacqueline seule ouvre une armoire; on y aperçoit, accroupi, le capitaine Clavaroche.

CLAVAROCHE, Sortant de l'armoire.
Ouf!

JACQUELINE
Vite, sortez! mon mari est jaloux; on vous a vu, mais non reconnu ; vous ne pouvez revenir ici. Comment étiez-vous là-dedans ?

CLAVAROCHE
A merveille.

JACQUELINE
Nous n'avons pas de temps à perdre ; qu'allons-nous faire ? Il faut nous voir, et échapper à tous les yeux.
Quel parti prendre ? Le jardinier y sera ce soir ; je ne suis pas sûre de ma femme de chambre; d'aller ailleurs, impossible ici ; tout est à jour dans une petite ville. Vous êtes couvert de poussière, et il me semble que vous boitez.

CLAVAROCHE
J'ai le genou et la tête brisés ; la poignée de mon sabre m'est entrée dans les côtes. Pouah ! c'est à croire que je sors d'un moulin.

JACQUELINE
Brûlez mes lettres en rentrant chez vous. Si on les trouvait, je serais perdue; ma mère me mettrait au couvent. Landry, un clerc, vous a vu passer, il me le paiera. Que faire ? quel moyen ? répondez ! Vous êtes pâle comme la mort.

CLAVAROCHE
J'avais une position fausse, quand vous avez poussé le battant, en sorte que je me suis trouvé, une heure durant, comme une curiosité d'histoire naturelle dans un bocal d'esprit-de-vin.

JACQUELINE
Eh bien ! voyons! que ferons-nous ?

CLAVAROCHE
Bon ! il n'y a rien de si facile.

JACQUELINE
Mais encore ?

CLAVAROCHE
Je n'en sais rien; mais rien n'est plus aisé. M'en croyez-vous à ma première affaire? Je suis rompu; donnez-moi un verre d'eau.

JACQUELINE
Je crois que le meilleur parti serait de nous voir à la ferme.

CLAVAROCHE
Que ces maris, quand ils s'éveillent, sont d'incommodes animaux ! Voilà un uniforme dans un joli état, et je serai beau à la parade ! (Il boit.) Avez-vous une brosse ici ? Le diable m'emporte, avec cette poussière, il m'a fallu un courage d'enfer pour m'empêcher d'éternuer.

JACQUELINE
Voilà ma toilette, prenez ce qu'il vous faut.

CLAVAROCHE, Se brossant la tête.
A quoi bon aller à la ferme ? Votre mari est, à tout prendre, d'assez douce composition. Est-ce que c'est une habitude que ces apparitions nocturnes ?

JACQUELINE
Non, Dieu merci! J'en suis encore tremblante. Mais songez donc qu'avec les idées qu'il a maintenant dans la tête, tous les soupçons vont tomber sur vous.

CLAVAROCHE
Pourquoi sur moi?

JACQUELINE
Pourquoi ? Mais... je ne sais... il me semble que cela doit être; tenez, Clavaroche, la vérité est une chose étrange, elle a quelque chose des spectres; on la pressent sans la toucher.

CLAVAROCHE, ajustant son uniforme.
Bah ! ce sont les grands-parents et les juges de paix qui disent que tout se sait. Ils ont pour cela une bonne raison, c'est que tout ce qui ne se sait pas, s'ignore, et par conséquent n'existe pas. J'ai l'air de dire une bêtise ; réfléchissez, vous verrez que c'est vrai.

JACQUELINE
Tout ce que vous voudrez. Les mains me tremblent, et j'ai une peur qui est pire que le mal.

CLAVAROCHE
Patience ! nous arrangerons cela.

JACQUELINE
Comment ? parlez, voilà le jour.

CLAVAROCHE
Eh ! bon Dieu, quelle tête folle! Vous êtes jolie comme un ange avec vos grands airs effarés. Voyons un peu, mettez-vous là, et raisonnons de nos affaires. Me voilà presque présentable, et ce désordre réparé. La cruelle armoire que vous avez là ! il ne fait pas bon être de vos nippes.

JACQUELINE
Ne riez donc pas, vous me faites frémir.

CLAVAROCHE
Eh bien ! ma chère, écoutez-moi, je vais vous dire mes principes. Quand on rencontre sur sa route l'espèce de bête malfaisante qui s'appelle un mari jaloux...

JACQUELINE
Ah ! Clavaroche, par égard pour moi!

CLAVAROCHE
Je vous ai choquée? (Il l'embrasse.)

JACQUELINE
Au moins, parlez plus bas.

CLAVAROCHE
Il y a trois moyens certains d'éviter tout inconvénient. Le premier, c'est de se quitter. Mais celui-là nous n'en voulons guère.

JACQUELINE
Vous me ferez mourir de peur.

CLAVAROCHE
Le second, le meilleur incontestablement, c'est de n'y pas prendre garde, et au besoin...

JACQUELINE
Eh bien ?

CLAVAROCHE
Non, celui-là ne vaut rien non plus ; vous avez un mari de plume ; il faut garder l'épée au fourreau. Reste donc alors le troisième ; c'est de trouver un chandelier.

JACQUELINE
Un chandelier ? Qu'est-ce que vous voulez dire ?

CLAVAROCHE
Nous appelions ainsi, au régiment, un grand garçon de bonne mine qui est chargé de porter un schall ou un parapluie au besoin ; qui, lorsqu'une femme se lève pour danser, va gravement s'asseoir sur sa chaise, et la suit dans la foule d'un oeil mélancolique, en jouant avec son éventail ; qui lui donne la main pour sortir de sa loge, et pose avec fierté sur la console voisine le verre où elle vient de boire ; l'accompagne à la promenade, lui fait la lecture le soir ; bourdonne sans cesse autour d'elle, assiège son oreille d'une pluie de fadaises; admire-t-on la dame, il se rengorge, et si on l'insulte, il se bat. Un coussin manque à la causeuse ; c'est lui qui court, se précipite, et va le chercher là où il est, car il connaît la maison et les êtres, il fait partie du mobilier, et traverse les corridors sans lumière. Il joue le soir avec les tantes au reversis et au piquet; comme il circonvient le mari, en politique habile et empressé, il s'est bientôt fait prendre en grippe. Y a-t-il fête quelque part, où la belle ait envie d'aller ? il s'est rasé au point du jour, il est depuis midi sur la place ou sur la chaussée, et il a marqué des chaises avec ses gants.
Demandez-lui pourquoi il s'est fait ombre, il n'en sait rien et n'en peut rien dire. Ce n'est pas que parfois la dame ne l'encourage d'un sourire, et ne lui abandonne en valsant le bout de ses doigts qu'il serre avec amour ;

il est comme ces grands seigneurs qui ont une charge honoraire, et les entrées aux jours de galas; mais le cabinet leur est clos ; ce ne sont pas là leurs affaires. En un mot, sa faveur expire là où commencent les véritables ; il a tout ce qu'on voit des femmes, et rien de ce qu'on en désire. Derrière ce mannequin commode se cache le mystère heureux ; il sert de paravent à tout ce qui se passe sous le manteau de la cheminée. Si le mari est jaloux, c'est de lui ; tient-on des propos?
c'est sur son compte ; c'est lui qu'on mettra à la porte, un beau matin que les valets auront entendu marcher la nuit dans l'appartement de madame; c'est lui qu'on épie en secret; ses lettres, pleines de respect et de tendresse, sont décachetées par la belle-mère ; il va, il vient, il s'inquiète, on le laisse ramer, c'est son oeuvre ; moyennant quoi, l'amant discret et la très innocente amie, couverts d'un voile impénétrable, se rient de lui et des curieux.

JACQUELINE
Je ne puis m'empêcher de rire, malgré le peu d'envie que j'en ai. Et pourquoi à ce personnage ce nom baroque de chandelier?

CLAVAROCHE
Eh ! mais, c'est que c'est lui qui porte la ...

JACQUELINE
C'est bon, c'est bon, je vous comprends.

CLAVAROCHE
Voyez, ma chère; parmi vos amis, n'auriez-vous point quelque bonne âme, capable de remplir ce rôle important, qui, de bonne foi, n'est pas sans douceur ?
Cherchez, voyez, pensez à cela. (Il regarde à sa montre.) Sept heures! il faut que je vous quitte. Je suis de semaine, d'aujourd'hui.

JACQUELINE
Mais, Clavaroche, en vérité, je ne connais ici personne ; et puis c'est une tromperie dont je n'aurais pas le courage. Quoi ! encourager un jeune homme, l'attirer à soi, le laisser espérer, le rendre peut-être amoureux tout de bon, et se jouer de ce qu'il peut souffrir ?
C'est une rouerie que vous me proposez.

CLAVAROCHE
Aimez-vous mieux que je vous perde? et dans l'embarras où nous sommes, ne voyez-vous pas qu'à tout prix il faut détourner les soupçons?

JACQUELINE
Pourquoi les faire tomber sur un autre ?

CLAVAROCHE
Hé ! pour qu'ils tombent. Les soupçons, ma chère, les soupçons d'un mari jaloux ne sauraient planer dans l'espace ; ce ne sont pas des hirondelles. Il faut qu'ils se posent tôt ou tard, et le plus sûr est de leur faire un nid.

JACQUELINE
Non, décidément, je ne puis. Ne faudrait-il pas pour cela me compromettre très réellement ?

CLAVAROCHE
Plaisantez-vous ? Est-ce que, le jour des preuves, vous n'êtes pas toujours à même de démontrer votre innocence ? Un amoureux n'est pas un amant.

JACQUELINE
Eh bien !... mais le temps presse. Qui voulez-vous ? Désignez-moi quelqu'un.

CLAVAROCHE, à la fenêtre.
Tenez ! voilà, dans votre cour, trois jeunes gens assis au pied d'un arbre; ce sont les clercs de votre mari. Je vous laisse le choix entre eux ; quand je reviendrai, qu'il y en ait un amoureux fou de vous.

JACQUELINE
Comment cela serait-il possible ? Je ne leur ai jamais dit un mot.

CLAVAROCHE
Est-ce que tu n'es pas fille d'Eve ? Allons, Jacqueline, consentez.

JACQUELINE
N'y comptez pas ; je n'en ferai rien.

CLAVAROCHE
Touchez là ; je vous remercie. Adieu, la très craintive blonde; vous êtes fine, jeune et jolie, et amoureuse... un peu, n'est-il pas vrai, madame? A l'ouvrage ! un coup de filet !

JACQUELINE
Vous êtes hardi, Clavaroche.

CLAVAROCHE
Fier et hardi ; fier de vous plaire, et hardi pour vous conserver.
(Il sort.)

SCENE II

Un petit jardin.

FORTUNIO, LANDRY et GUILLAUME, assis.

FORTUNIO
Vraiment, cela est singulier, et cette aventure est étrange.

LANDRY
N'allez pas en jaser, au moins ; vous me feriez mettre dehors.

FORTUNIO
Bien étrange et bien admirable. Oui, quel qu'il soit, c'est un homme heureux.

LANDRY
Promettez-moi de n'en rien dire ; maître André me l'a fait jurer.

GUILLAUME
De son prochain, du roi et des femmes, il n'en faut pas souffler le mot.

FORTUNIO
Que de pareilles choses existent, cela me fait bondir le coeur. Vraiment, Landry, tu as vu cela ?

LANDRY
C'est bon ; qu'il n'en soit plus question.

FORTUNIO
Tu as entendu marcher doucement.

LANDRY
A pas de loup, derrière le mur.

FORTUNIO
Craquer doucement la fenêtre.

LANDRY
Comme un grain de sable sous le pied.

FORTUNIO
Puis, sur le mur, l'ombre de l'homme, quand il a franchi la poterne.

LANDRY
Comme un spectre, dans son manteau.

FORTUNIO
Et une main derrière le volet.

LANDRY
Tremblante comme la feuille.

FORTUNIO
Une lueur dans la galerie, puis un baiser, puis quelques pas lointains.

LANDRY
Puis le silence, les rideaux qui se tirent, et la lueur qui disparaît.

FORTUNIO
Si j'avais été à ta place, je serais resté jusqu'au jour.

GUILLAUME
Est-ce que tu es amoureux de Jacqueline ? Tu aurais fait là un joli métier !

FORTUNIO
Je jure devant Dieu, Guillaume, qu'en présence de Jacqueline je n'ai jamais levé les yeux. Pas même en songe, je n'oserais l'aimer. Je l'ai rencontrée au bal une fois ; ma main n'a pas touché la sienne, ses lèvres ne m'ont jamais parlé. De ce qu'elle fait ou de ce qu'elle pense, je n'en ai de ma vie rien su, sinon qu'elle se promène ici l'après-midi, et que j'ai soufflé sur nos vies pour la voir marcher dans l'allée.

GUILLAUME
Si tu n'es pas amoureux d'elle, pourquoi dis-tu que tu serais resté ? Il n'y avait rien de mieux à faire que ce qu'a fait justement Landry : aller conter nettement la chose à maître André, notre patron.

FORTUNIO
Landry a fait comme il lui a plu. Que Roméo possède Juliette ! Je voudrais être l'oiseau matinal qui les avertit du danger.

GUILLAUME
Te voilà bien, avec tes fredaines! Quel bien cela peut-il te faire que Jacqueline ait un amant? C'est quelque officier de la garnison.

FORTUNIO
J'aurais voulu être dans l'étude ; j'aurais voulu voir tout cela.

GUILLAUME
Dieu soit béni ! c'est notre libraire qui t'empoisonne avec ses romans. Que te revient-il de ce conte ? d'être Gros-Jean comme devant. N'espères-tu pas, par hasard, que tu pourras avoir ton tour? Hé ! oui, sans doute, monsieur se figure qu'on pensera quelque jour à lui. Pauvre garçon! tu ne connais guère nos belles dames de province. Nous autres, avec nos habits noirs, nous ne sommes que du fretin, bon tout au plus pour les couturières. Elles ne tâtent que du pantalon rouge, et une fois qu'elles y ont mordu, qu'importe que la garnison change? Tous les militaires se ressemblent ; qui en aime un en aime cent. Il n'y a que le revers de l'habit qui change, et qui de jaune devient vert ou blanc. Du reste, ne retrouvent-elles pas la moustache retroussée de même, la même allure de corps-de-garde, le même langage et le même plaisir ? Ils sont tous faits sur un modèle ; à la rigueur elles peuvent s'y tromper.

FORTUNIO
Il n'y a pas à causer avec toi ; tu passes tes fêtes et dimanches à regarder des joueurs de boule.

GUILLAUME
Et toi, tout seul à ta fenêtre, le nez fourré dans tes giroflées. Voyez la belle différence! Avec tes idées romanesques tu deviendras fou à lier. Allons, rentrons ; à quoi penses-tu ? il est l'heure de travailler.

FORTUNIO
Je voudrais bien avoir été avec Landry cette nuit dans l'étude.
Ils sortent. Entrent Jacqueline et sa servante.

JACQUELINE
Nos prunes seront belles cette année, et nos espaliers ont bonne mine. Viens donc un peu de ce côté-ci, et asseyons-nous sur ce banc.

LA SERVANTE
C'est donc que madame ne craint pas l'air, car il ne fait pas chaud ce matin.

JACQUELINE
En vérité, depuis deux ans que j'habite cette maison, je ne crois pas être venue deux fois dans cette partie du jardin. Regarde donc ce pied de chèvrefeuille. Voilà des treillis bien plantés pour faire grimper les clématites.

LA SERVANTE
Avec cela que madame n'est pas couverte; elle a voulu descendre en cheveux.

JACQUELINE
Dis-moi, puisque te voilà : qu'est-ce que c'est donc que ces jeunes gens qui sont là dans la salle basse ? Est ce que je me trompe ? je crois qu'ils nous regardent ; ils étaient tout à l'heure ici.

LA SERVANTE
Madame ne les connaît donc pas ? Ce sont les clercs de maître André.

JACQUELINE
Ah ! est-ce que tu les connais, toi, Madelon ? Tu as l'air de rougir en disant cela.

LA SERVANTE
Moi, madame ! pourquoi donc faire ? Je les connais de les voir tous les jours; et encore, je dis tous les jours. Je n'en sais rien, si je les connais.

JACQUELINE
Allons, avoue que tu as rougi. Et au fait, pourquoi t'en défendre? Autant que je puis en juger d'ici, ces garçons ne sont pas si mal. Voyons, lequel préfères-tu ? fais-moi un peu tes confidences. Tu es belle fille, Madelon; que ces jeunes gens te fassent la cour, qu'y a-t-il de mal à cela?

LA SERVANTE
Je ne dis pas qu'il y ait du mal ; ces jeunes gens ne manquent pas de bien, et leurs familles sont honorables. Il y a là un petit blond, les grisettes de la grand rue ne font pas fi de son coup de chapeau.

JACQUELINE, s'approchant de la maison.
Qui ? celui-là avec sa moustache ?

LA SERVANTE
Oh ! que non. C'est M. Landry, un grand flandrin qui ne sait que dire.

JACQUELINE
C'est donc cet autre qui écrit ?

LA SERVANTE
Nenni, nenni; c'est M. Guillaume, un honnête garçon bien rangé ; mais ses cheveux ne frisent guère, et ça fait pitié le dimanche, quand il veut se mettre à danser.

JACQUELINE
De qui veux-tu donc parler ? je ne crois pas qu'il y en ait d'autres que ceux-là dans l'étude.

LA SERVANTE
Vous ne voyez pas à la fenêtre ce jeune homme propre et bien peigné ? Tenez, le voilà qui se penche ; c'est le petit Fortunio.

JACQUELINE
Oui-dà, je le vois maintenant. Il n'est pas mal tourné, ma foi, avec ses cheveux sur l'oreille, et son petit air innocent. Prenez garde à vous, Madelon, ces anges-là font déchoir les filles. Et il fait la cour aux grisettes, ce monsieur-là avec ses yeux bleus ? Eh bien ! Madelon, il ne faut pas pour cela baisser les vôtres d'un air si renchéri. Vraiment, on peut moins bien choisir. Il sait donc que dire, celui-là, et il a un maître à danser ?

LA SERVANTE
Révérence parler, madame, si je le croyais amoureux ici, ce ne serait pas de si peu de chose. Si vous aviez tourné la tête, quand vous passiez dans le quinconce , vous l'auriez vu plus d'une fois, les bras croisés, la plume à l'oreille, vous regarder tant qu'il pouvait.

JACQUELINE
Plaisantez-vous, mademoiselle, et pensez-vous à qui vous parlez ?

LA SERVANTE
Un chien regarde bien un évêque, et il y en a qui disent que l'évêque n'est pas fâché d'être regardé du chien. Il n'est pas si sot, ce garçon, et son père est un riche orfèvre. Je ne crois pas qu'il y ait d'injure à regarder passer les gens.

JACQUELINE
Qui vous a dit que c'est moi qu'il regarde ? Il ne vous a pas, j'imagine, fait de confidences là-dessus.

LA SERVANTE
Quand un garçon tourne la tête, allez, madame, il ne faut guère être femme pour ne pas deviner où les yeux s'en vont. Je n'ai que faire de ses confidences, et on ne m'apprendra que ce que j'en sais.

JACQUELINE
J'ai froid. Allez me chercher un schall, et faites-moi grâce de vos propos.
La servante sort.

JACQUELINE, Seule.
Si je ne me trompe, c'est le jardinier que j'ai aperçu entre ces arbres. Holà ! Pierre, écoutez.

LE JARDINIER, entrant.
Vous m'avez appelé, madame ?

JACQUELINE
Oui, entrez là ; demandez un clerc qui s'appelle Fortunio. Qu'il vienne ici; j'ai à lui parler.
Le jardinier sort. Un instant après, entre Fortunio.

FORTUNIO
Madame, on se trompe sans doute ; on vient de me dire que vous me demandiez.

JACQUELINE Asseyez-vous ; on ne se trompe pas. - Vous me voyez, monsieur Fortunio, fort embarrassée, fort en peine. Je ne sais trop comment vous dire ce que j'ai à vous demander, ni pourquoi je m'adresse à vous.

FORTUNIO
Je ne suis que troisième clerc ; s'il s'agit d'une affaire d'importance, Guillaume, notre premier clerc, est là ; souhaitez-vous que je l'appelle ?

JACQUELINE Mais non. Si c'était une affaire, est-ce que je n'ai pas mon mari ?

FORTUNIO
Puis-je être bon à quelque chose? Veuillez parler avec confiance. Quoique bien jeune, je mourrais de bon coeur pour vous rendre service.

JACQUELINE

C'est galamment et vaillamment parler; et cependant, si je ne me trompe, je ne suis pas connue de vous.

FORTUNIO
L'étoile qui brille à l'horizon ne connaît pas les yeux qui la regardent; mais elle est connue du moindre pâtre qui chemine sur le coteau.

JACQUELINE
C'est un secret que j'ai à vous dire, et j'hésite par deux motifs : d'abord vous pouvez me trahir, et en second lieu, même en me servant, prendre de moi mauvaise opinion.

FORTUNIO
Puis-je me soumettre à quelque épreuve? Je vous supplie de croire en moi.

JACQUELINE
Mais, comme vous dites, vous êtes bien jeune. Vous même, vous pouvez croire en vous, et ne pas toujours en répondre.

FORTUNIO
Vous êtes plus belle que je ne suis jeune ; de ce que mon coeur sent, j'en réponds.

JACQUELINE
La nécessité est imprudente. Voyez si personne n'écoute.

FORTUNIO
Personne ; ce jardin est désert, et j'ai fermé la porte de l'étude.

JACQUELINE
Non ! décidément je ne puis parler ; pardonnez-moi cette démarche inutile, et qu'il n'en soit jamais question.

FORTUNIO
Hélas ! madame, je suis bien malheureux ! il en sera comme il vous plaira.

JACQUELINE
C'est que la position où je suis n'a vraiment pas le sens commun. J'aurais besoin, vous l'avouerai-je ? non pas tout à fait d'un ami, et cependant d'une action d'ami. Je ne sais à quoi me résoudre. Je me promenais dans

ce jardin, en regardant ces espaliers ; et je vous dis, je ne sais pourquoi, je vous ai vu à cette fenêtre, j'ai eu l'idée de vous faire appeler.

FORTUNIO
Quel que soit le caprice du hasard à qui je dois cette faveur, permettez-moi d'en profiter. Je ne puis que répéter mes paroles ; je mourrais de bon coeur pour vous.

JACQUELINE
Ne me le répétez pas trop ; c'est le moyen de me faire taire.

FORTUNIO
Pourquoi ? c'est le fond de mon coeur.

JACQUELINE
Pourquoi ? pourquoi ? vous n'en savez rien, et je n'y veux seulement pas penser. Non ; ce que j'ai à vous demander ne peut avoir de suite aussi grave, Dieu merci, c'est un rien, une bagatelle. Vous êtes un enfant, n'est-ce pas ? Vous me trouvez peut-être jolie, et vous m'adressez légèrement quelques paroles de galanterie. Je les prends ainsi, c'est tout simple ; tout homme à votre place en pourrait dire autant.

FORTUNIO
Madame, je n'ai jamais menti. Il est bien vrai que je suis un enfant, et qu'on peut douter de mes paroles ; mais telles qu'elles sont, Dieu peut les juger.

JACQUELINE
C'est bon ; vous savez votre rôle, et vous ne vous dédites pas. En voilà assez là-dessus ; prenez donc ce siège, et mettez-vous là.

FORTUNIO
Je le ferai pour vous obéir.

JACQUELINE
Pardonnez-moi une question qui pourra vous sembler étrange. Madeleine, ma femme de chambre, m'a dit que votre père était joaillier. Il doit se trouver en rapport avec les marchands de la ville.

FORTUNIO
Oui, madame ; je puis dire qu'il n'en est guère d'un peu considérable qui ne connaisse notre maison.

JACQUELINE
Par conséquent, vous avez occasion d'aller et de venir dans le quartier marchand, et on connaît votre visage dans les boutiques de la Grand-Rue.

FORTUNIO
Oui, madame, pour vous servir.

JACQUELINE
Une femme de mes amies a un mari avare et jaloux.
Elle ne manque pas de fortune, mais elle ne peut en disposer. Ses plaisirs, ses goûts, sa parure, ses caprices, si vous voulez, quelle femme vit sans caprice ? tout est réglé et contrôlé. Ce n'est pas qu'au bout de l'année, elle ne se trouve en position de faire face à de grosses dépenses. Mais chaque mois, presque chaque semaine, il lui faut compter, disputer, calculer tout ce qu'elle achète. Vous comprenez que la morale, tous les sermons d'économie possibles, toutes les raisons des avares, ne font pas faute aux échéances; enfin, avec beaucoup d'aisance, elle mène la vie la plus gênée. Elle est plus pauvre que son tiroir, et son argent ne lui sert de rien. Qui dit toilette en parlant des femmes, dit un grand mot, vous le savez. Il a donc fallu, à tout prix, user de quelque stratagème. Les mémoires des fournisseurs ne portent que ces dépenses banales que le mari appelle " de première nécessité "; ces choses-là se paient au grand jour ; mais à certaines époques convenues, certains autres mémoires secrets font mention de quelques bagatelles que la femme appelle à son tour" de seconde nécessité ", qui est la vraie, et que les esprits mal faits pourraient nommer du superflu.
Moyennant quoi, tout s'arrange à merveille ; chacun y peut trouver son compte, et le mari, sûr de ses quittances, ne se connaît pas assez en chiffons pour deviner qu'il n'a pas payé tout ce qu'il voit sur l'épaule de sa femme.

FORTUNIO
Je ne vois pas grand mal à cela.

JACQUELINE
Maintenant donc, voilà ce qui arrive; le mari, un peu soupçonneux, a fini par s'apercevoir, non du chiffon de trop, mais de l'argent de moins. Il a menacé ses domestiques, frappé sur sa cassette et grondé ses marchands. La pauvre femme abandonnée n'y a pas perdu un louis ; mais elle se trouve, comme un nouveau Tantale , dévorée du matin au soir de la soif des chiffons. Plus de confidents, plus de mémoires secrets, plus de dépenses ignorées. Cette soif pourtant la tourmente ; à tout hasard elle cherche à l'apaiser. Il faudrait qu'un jeune homme adroit, discret surtout,

et d'assez haut rang dans la ville pour n'éveiller aucun soupçon, voulût aller visiter les boutiques, et y acheter, comme pour lui-même, ce dont elle peut et veut avoir besoin. Il faudrait qu'il eût, tout d'abord, facile accès dans la maison; qu'il pût entrer et sortir avec assurance; qu'il eût bon goût, cela est clair, et qu'il sût choisir à propos. Peut-être serait-ce un heureux hasard s'il se trouvait par là, dans la ville, quelque jolie et coquette fille, à qui on sût qu'il fît la cour. N'êtes-vous pas dans ce cas, je suppose? ce hasard-là justifierait tout. Ce serait alors pour la belle que les emplettes seraient censées se faire. Voilà ce qu'il faudrait trouver.

FORTUNIO
Dites à votre amie que je m'offre à elle ; je la servirai de mon mieux.

JACQUELINE
Mais si cela se trouvait ainsi, vous comprenez, n'est il pas vrai, que pour avoir, dans la maison, le libre accès dont je vous parle, le confident devrait s'y montrer autre part qu'à la salle basse ? Vous comprenez qu'il faudrait que sa place fût à la table et au salon ? vous comprenez que la discrétion est une vertu trop difficile pour qu'on lui manque de reconnaissance? mais qu'en outre du bon vouloir, le savoir-faire n'y gâterait rien. Il faudrait qu'un soir, je suppose, comme ce soir, s'il faisait beau, il sût trouver la porte entre ouverte et apporter un bijou furtif comme un hardi contrebandier. Il faudrait qu'un air de mystère ne trahît jamais son adresse ; qu'il fût prudent, leste et avisé; qu'il se souvînt d'un proverbe espagnol qui mène loin ceux qui le savent : Aux audacieux, Dieu prête la main.

FORTUNIO
Je vous en supplie, servez-vous de moi.

JACQUELINE
Toutes ces conditions remplies, pour peu qu'on fût sûr du silence, on pourrait dire au confident le nom de sa nouvelle amie. Il recevrait alors sans scrupule, adroitement comme une jeune soubrette, une bourse dont il saurait l'emploi. Preste ! j'aperçois Madeleine qui vient m'apporter mon manteau. Discrétion et prudence, adieu. L'amie, c'est moi ; le confident, c'est vous ; la bourse est là au pied de la chaise.
Elle sort.
Guillaume et Landry, sur le pas de la porte.

GUILLAUME
Holà ! Fortunio ; maître André est là qui t'appelle.

LANDRY
Il y a de l'ouvrage sur ton bureau. Que fais-tu là hors de l'étude ?

FORTUNIO
Hein ? plaît-il ? que me voulez-vous ?

GUILLAUME
Nous te disons que le patron te demande.

LANDRY
Arrive ici ; on a besoin de toi. A quoi songe donc ce rêveur ?

FORTUNIO
En vérité, cela est singulier, et cette aventure est étrange.
Ils sortent.

ACTE II

SCENE I

Un salon.

CLAVAROCHE, devant une glace.
En conscience, ces belles dames, si on les aimait tout de bon, ce serait une pauvre affaire, et le métier des bonnes fortunes est, à tout prendre, un ruineux travail.
Tantôt c'est au plus bel endroit qu'un valet qui gratte à la porte vous oblige à vous esquiver. La femme qui se perd pour vous ne se livre que d'une oreille, et au milieu du plus doux transport on vous pousse dans une armoire. Tantôt c'est lorsqu'on est chez soi, étendu sur un canapé et fatigué de la manoeuvre, qu'un messager envoyé à la hâte vient vous faire ressouvenir qu'on vous adore à une lieue de distance. Vite, un barbier, le valet de chambre ! On court, on vole ; il n'est plus temps ; le mari est rentré, la pluie tombe ; il faut faire le pied de grue, une heure durant. Avisez-vous d'être malade ou seulement de mauvaise humeur! Point; le soleil, le froid, la tempête, l'incertitude, le danger, cela est fait pour rendre gaillard. La difficulté est en possession, depuis qu'il y a des proverbes, du privilège d'augmenter le plaisir, et le vent de bise se fâcherait si, en vous coupant le visage, il ne croyait vous donner du coeur. En vérité, on représente l'amour avec des ailes et un carquois ; on ferait mieux de nous le peindre comme un chasseur de canards sauvages, avec une veste imperméable et une perruque de laine frisée pour lui garantir l'occiput. Quelles sottes bêtes que les hommes, de se refuser leurs franches-lippées pour courir après quoi, de grâce? après l'ombre de leur orgueil! Mais la garnison dure six mois ; on ne peut pas toujours aller au café; les comédiens de province ennuient; on se regarde dans un miroir, et on ne veut pas être beau pour rien. Jacqueline a la taille fine ; c'est ainsi qu'on prend patience, et qu'on s'accommode de tout sans trop faire le difficile.
Entre Jacqueline.
Eh bien ! ma chère, qu'avez-vous fait? Avez-vous suivi mes conseils, et sommes-nous hors de danger ?

JACQUELINE
Oui.

CLAVAROCHE
Comment vous y êtes-vous prise? vous allez me conter cela. Est-ce un des clercs de maître André qui s'est chargé de notre salut ?

JACQUELINE
Oui.

CLAVAROCHE
Vous êtes une femme incomparable, et on n'a pas plus d'esprit que vous. Vous avez fait venir, n'est-ce pas, le bon jeune homme à votre boudoir ? Je le vois d'ici, les mains jointes, tournant son chapeau dans ses doigts. Mais quel conte lui avez-vous fait pour réussir en si peu de temps ?

JACQUELINE
Le premier venu ; je n'en sais rien.

CLAVAROCHE
Voyez un peu ce que c'est que de nous, et quels pauvres diables nous sommes quand il vous plaît de nous endiabler! Et notre mari, comment voit-il la chose? La foudre qui nous menaçait sent-elle déjà l'aiguille aimantée ? commence-t-elle à se détourner ?

JACQUELINE
Oui.

CLAVAROCHE
Parbleu ! nous nous divertirons, et je me fais une vraie fête d'examiner cette comédie, d'en observer les ressorts et les gestes, et d'y jouer moi-même mon rôle.
Et l'humble esclave, je vous prie, depuis que je vous ai quittée, est-il déjà amoureux de vous ? Je parierais que je l'ai rencontré comme je montais. Un visage affairé et une encolure à cela. Est-il déjà installé dans sa charge ?
s'acquitte-t-il des soins indispensables avec quelque facilité? porte-t-il déjà vos couleurs ~? met-il l'écran devant le feu ? a-t-il hasardé quelques mots d'amour craintif et de respectueuse tendresse? êtes-vous contente de lui ?

JACQUELINE
Oui.

CLAVAROCHE
Et comme à-compte sur ses futurs services, ces beaux yeux pleins d'une flamme noire lui ont-ils déjà laissé deviner qu'il est permis de soupirer pour eux ?
a-t-il déjà obtenu quelque grâce? Voyons, franchement, où en êtes-vous? Avez-vous croisé le regard?
avez-vous engagé le fer ? C'est bien le moins qu'on l'encourage pour le service qu'il nous rend.

JACQUELINE
Oui.

CLAVAROCHE
Qu'avez-vous donc? Vous êtes rêveuse, et vous répondez à demi.

JACQUELINE
J'ai fait ce que vous m'avez dit.

CLAVAROCHE
En avez-vous quelque regret ?

JACQUELINE
Non.

CLAVAROCHE
Mais vous avez l'air soucieux, et quelque chose vous inquiète.

JACQUELINE
Non.

CLAVAROCHE
Verriez-vous quelque sérieux dans une pareille plaisanterie ? Laissez donc, tout cela n'est rien.

JACQUELINE
Si l'on savait ce qui s'est passé, pourquoi le monde me donnerait-il tort, et à vous, peut-être, raison ?

CLAVAROCHE
Bon ! c'est un jeu, c'est une misère; ne m'aimez vous pas, Jacqueline ?

JACQUELINE
Oui.

CLAVAROCHE
Eh bien donc ! qui peut vous fâcher? N'est-ce donc pas pour sauver notre amour que vous avez fait tout cela?

JACQUELINE
Oui.

CLAVAROCHE
Je vous avoue que cela m'amuse, et que je n'y regarde pas de si près.

JACQUELINE
Silence ! l'heure du dîner approche, et voici maître André qui vient.

CLAVAROCHE
Est-ce notre homme qui est avec lui ?

JACQUELINE
C'est lui. Mon mari l'a prié, et il reste ce soir ici.
Entrent maître André et Fortunio.

MAITRE ANDRÉ
Non ! je ne veux pas d'aujourd'hui entendre parler d'une affaire. Je veux qu'on s'évertue à danser, et qu'il ne soit question que de rire. Je suis ravi, je nage dans la joie, et je n'entends qu'à bien dîner.

CLAVAROCHE
Peste ! vous êtes en belle humeur, maître André, à ce que je vois.

MAITRE ANDRÉ
Il faut que je vous dise à tous ce qui m'est arrivé hier. J'ai soupçonné injustement ma femme; j'ai fait mettre le piège à loup devant la porte de mon jardin, j'y ai trouvé mon chat ce matin; c'est bien fait, je l'ai mérité. Mais je veux rendre justice à Jacqueline, et que vous appreniez de moi que notre paix est faite, et qu'elle m'a pardonné.

JACQUELINE
C'est bon, je n'ai pas de rancune, obligez-moi de n'en plus parler.

MAITRE ANDRÉ
Non, je veux que tout le monde le sache. Je l'ai dit partout dans la ville, et j'ai rapporté dans ma poche un petit Napoléon en sucre; je veux le mettre sur ma cheminée en signe de réconciliation, et toutes les fois que je le regarderai, j'en aimerai cent fois plus ma femme. Ce sera pour me garantir de toute défiance à l'avenir.

CLAVAROCHE
Voilà agir en digne mari; je reconnais là maître André.

MAITRE ANDRÉ
Capitaine, je vous salue. Voulez-vous dîner avec nous? Nous avons aujourd'hui au logis une façon de petite fête, et vous êtes le bien venu.

CLAVAROCHE
C'est trop d'honneur que vous me faites.

MAITRE ANDRÉ
Je vous présente un nouvel hôte; c'est un de mes clercs, capitaine. Hé ! hé ! cedant arma togoe. Ce n'est pas pour vous faire injure ; le petit drôle a de l'esprit ; il vient faire la cour à ma femme.

CLAVAROCHE
Monsieur, peut-on vous demander votre nom ? Je suis ravi de faire votre connaissance.
Fortunio salue.

MAITRE ANDRÉ
Fortunio. C'est un nom heureux. A vous dire vrai, voilà tantôt un an qu'il travaillait à mon étude, et je ne m'étais pas aperçu de tout le mérite qu'il a. Je crois même que, sans Jacqueline, je n'y aurais jamais songé.
Son écriture n'est pas très nette, et il me fait des accolades qui ne sont pas exemptes de reproche ; mais ma femme a besoin de lui pour quelques petites affaires, et elle se loue fort de son zèle. C'est leur secret ; nous autres maris, nous ne mettons point le nez là. Un hôte aimable, dans une petite ville, n'est pas une chose de peu de prix; aussi Dieu veuille qu'il s'y plaise ! nous le recevrons de notre mieux.

FORTUNIO
Je ferai tout pour m'en rendre digne.

MAITRE ANDRÉ, à Clavaroche.
Mon travail, comme vous le savez, me retient chez moi la semaine. Je ne suis pas fâché que Jacqueline s'amuse sans moi comme elle l'entend. Il lui fallait quelquefois un bras pour se promener par la ville ; le médecin veut qu'elle marche, et le grand air lui fait du bien. Ce garçon-là sait les nouvelles, il lit fort bien à haute voix ; il est, d'ailleurs, de bonne famille, et ses parents l'ont bien élevé; c'est un cavalier pour ma femme, et je vous demande votre amitié pour lui.

CLAVAROCHE
Mon amitié, digne maître André, est tout entière à son service; c'est une chose qui vous est acquise, et dont vous pouvez disposer.

FORTUNIO
Monsieur le capitaine est bien honnête, et je ne sais comment le remercier.

CLAVAROCHE
Touchez là ! l'honneur est pour moi, si vous me comptez pour un ami.

MAITRE ANDRÉ
Allons ! voilà qui est à merveille. Vive la joie ! La nappe nous attend; donnez la main à Jacqueline, et venez goûter de mon vin.

CLAVAROCHE, bas à Jacqueline.
Maître André ne me paraît pas envisager tout à fait les choses comme je m'y étais attendu.

JACQUELINE, bas.
Sa confiance ou sa jalousie dépendent d'un mot et du vent qui souffle.

CLAVAROCHE, de même.
Mais ce n'est pas là ce qu'il nous faut. Si cela prend cette tournure, nous n'avons que faire de votre clerc.

JACQUELINE, de même.
J'ai fait ce que vous m'avez dit.
Ils sortent.

SCENE II

A l'étude.

GUILLAUME et LANDRY, travaillant.

GUILLAUME
Il me semble que Fortunio n'est pas resté longtemps à l'étude.

LANDRY
Il y a gala ce soir à la maison, et maître André l'a invité.

GUILLAUME
Oui ; de façon que l'ouvrage nous reste. J'ai la main droite paralysée.

LANDRY
Il n'est pourtant que troisième clerc ; on aurait pu nous inviter aussi.

GUILLAUME
Après tout, c'est un bon garçon ; il n'y a pas grand mal à cela.

LANDRY
Non. Il n'y en aurait pas non plus, si on nous eût mis de la noce.

GUILLAUME
Hum ! hum ! quelle odeur de cuisine ! On fait un bruit là-haut, c'est à ne pas s'entendre.

LANDRY
Je crois qu'on danse ; j'ai vu des violons.

GUILLAUME
Au diable les paperasses ! je n'en ferai pas davantage aujourd'hui.

LANDRY
Sais-tu une chose ? j'ai quelque idée qu'il se passe du mystère ici.

GUILLAUME
Bah ! comment cela ?

LANDRY
Oui, oui, tout n'est pas clair ; et si je voulais un peu jaser...

GUILLAUME
N'aie pas peur, je n'en dirai rien.

LANDRY
Tu te souviens que j'ai vu l'autre jour un homme escalader la fenêtre : qui c'était, on n'en a rien su. Mais aujourd'hui, pas plus tard que ce soir, j'ai vu quelque chose, moi qui te parle, et ce que c'était, je le sais bien.

GUILLAUME
Qu'est-ce que c'était ? conte-moi cela.

LANDRY
J'ai vu Jacqueline, entre chien et loup, ouvrir la porte du jardin. Un homme était derrière elle, qui s'est glissé contre le mur, et qui lui a baisé la main ; après quoi, il a pris le large, et j'ai entendu qu'il disait : Ne craignez rien, je reviendrai tantôt.

GUILLAUME
Vraiment ! cela n'est pas possible.

LANDRY
Je l'ai vu comme je te vois.

GUILLAUME
Ma foi ! s'il en était ainsi, je sais ce que je ferais à ta place. J'en avertirais maître André, comme l'autre fois, ni plus ni moins.

LANDRY
Cela demande réflexion. Avec un homme comme maître André, il y a des chances à courir. Il change d'avis tous les matins.

GUILLAUME
Entends-tu le carillon qu'ils font? Paf, les portes !
clip-clap, les assiettes, les plats, les fourchettes, les bouteilles ! Il me semble que j'entends chanter.

LANDRY
Oui, c'est la voix de maître André lui-même. Pauvre bonhomme ! on se rit bien de lui.

GUILLAUME
Viens donc un peu sur la promenade ; nous jaserons tout à notre aise. Ma foi ! quand le patron s'amuse, c'est bien le moins que les clercs se reposent.
Ils sortent.

SCENE III

La salle à manger.

MAITRE ANDRÉ, CLAVAROCHE, FORTUNIO et JACQUELINE, à table.

On est au dessert.

CLAVAROCHE
Allons, monsieur Fortunio, servez donc à boire à madame.

FORTUNIO
De tout mon coeur, monsieur le capitaine, et je bois à votre santé.

CLAVAROCHE
Fi donc ! vous n'êtes pas galant. A la santé de votre voisine.

MAITRE ANDRÉ Eh ! oui, à la santé de ma femme. Je suis enchanté, capitaine, que vous trouviez ce vin de votre goût.
Il chante.
Amis, buvons, buvons sans cesse...

CLAVAROCHE
Cette chanson-là est trop vieille. Chantez donc, monsieur Fortunio.

FORTUNIO
Si madame veut l'ordonner.

MAITRE ANDRÉ
Hé ! hé ! le garçon sait son monde.

JACQUELINE
Eh bien ! chantez, je vous en prie.

CLAVAROCHE
Un instant. Avant de chanter, mangez un peu de ce biscuit ; cela vous ouvrira la voix, et vous donnera du montant.

MAITRE ANDRÉ
Le capitaine a le mot pour rire.

FORTUNIO
Je vous remercie, cela m'étoufferait.

CLAVAROCHE
Bon, bon. Demandez à madame de vous en donner un morceau. Je suis sûr que de sa blanche main cela vous paraîtra léger. (Regardant sous la table.) O ciel! que vois-je? vos pieds sur le carreau! Souffrez, madame, qu'on apporte un coussin.

FORTUNIO, Se levant.
En voilà un sous cette chaise.
Il le place sous les pieds de Jacqueline.

CLAVAROCHE
A la bonne heure, monsieur Fortunio; je pensais que vous m'eussiez laissé faire. Un jeune homme qui fait sa cour ne doit pas permettre qu'on le prévienne.

MAITRE ANDRÉ Oh ! oh ! le garçon ira loin ; il n'y a qu'à lui dire un mot.

CLAVAROCHE
Maintenant donc, chantez, s'il vous plaît; nous écoutons de toutes nos oreilles.

FORTUNIO
Je n'ose devant des connaisseurs. Je ne sais pas de chanson de table.

CLAVAROCHE
Puisque madame l'a ordonné, vous ne pouvez vous en dispenser.

FORTUNIO
Je ferai donc comme je pourrai.

CLAVAROCHE
N'avez-vous pas encore, monsieur Fortunio, adressé de vers à madame ? Voyez, l'occasion se présente.

MAITRE ANDRÉ
Silence ! silence ! Laissez-le chanter.

CLAVAROCHE

Une chanson d'amour surtout. N'est-il pas vrai, monsieur Fortunio? Pas autre chose, je vous en conjure. Madame, priez-le, s'il vous plaît, qu'il nous chante une chanson d'amour. Ou ne saurait vivre sans cela.

JACQUELINE
Je vous en prie, Fortunio.

Fortunio chante

Si vous croyez que je vais dire
Qui j'ose aimer,
Je ne saurais pour un empire
Vous la nommer.

Nous allons chanter à la ronde,
Si vous voulez,
Que je l'adore, et qu'elle est blonde
Comme les blés.

Je fais ce que sa fantaisie
Veut m'ordonner,
Et je puis, s'il lui faut ma vie,
La lui donner.

Du mal qu'une amour ignorée
Nous fait souffrir,
J'en porte l'âme déchirée
Jusqu'à mourir.

Mais j'aime trop pour que je aie
Qui j'ose aimer,
Et je veux mourir pour ma mie,
Sans la nommer.

MAITRE ANDRE
En vérité, le petit gaillard est amoureux comme il le dit ; il en a les larmes aux yeux. Allons ! garçon, bois pour te remettre. C'est quelque grisette de la ville qui t'aura fait ce méchant cadeau-là ?

CLAVAROCHE
Je ne crois pas à monsieur Fortunio l'ambition si roturière; sa chanson vaut mieux qu'une grisette.
Qu'en dit madame, et quel est son avis ?

JACQUELINE
Très bien. Donnez-moi le bras, et allons prendre le café.

CLAVAROCHE
Vite! monsieur Fortunio, offrez votre bras à madame.
JACQUELINE prend le bras de Fortunio; bas, en sortant.
Avez-vous fait ma commission ?

FORTUNIO
Oui, madame ; tout est dans l'étude.

JACQUELINE
Allez m'attendre dans ma chambre, je vous y rejoins dans un instant.
Ils sortent.

SCENE IV

La chambre de Jacqueline.

Entre Fortunio.

FORTUNIO
Est-il un homme plus heureux que moi ? J'en suis certain, Jacqueline m'aime, et à tous les signes qu'elle m'en donne, il n'y a pas à s'y tromper. Déjà me voilà bien reçu, fêté, choyé dans la maison. Elle m'a fait mettre à table à côté d'elle ; si elle sort, je l'accompagnerai. Quelle douceur, quelle voix, quel sourire!
Quand son regard se fixe sur moi, je ne sais ce qui me passe par le corps; j'ai une joie qui me prend à la gorge ; je lui sauterais au cou si je ne me retenais. Non, plus j'y pense, plus je réfléchis, les moindres signes, les plus légères faveurs, tout est certain ; elle m'aime, elle m'aime, et je serais un sot fieffé si je feignais de ne pas le voir. Lorsque j'ai chanté tout à l'heure, comme j'ai vu briller ses yeux ! .
Allons, ne perdons pas de temps.
Déposons ici cette boîte qui renferme quelques bijoux ; c'est une commission secrète, et Jacqueline, sûrement, ne tardera pas à venir.
Entre Jacqueline.

JACQUELINE
Etes-vous là, Fortunio ?

FORTUNIO
Oui. Voilà votre écrin, madame, et ce que vous avez demandé.

JACQUELINE
Vous êtes homme de parole, et je suis contente de vous.

FORTUNIO
Comment vous dire ce que j'éprouve ? Un regard de vos yeux a changé mon sort, et je ne vis que pour vous servir.

JACQUELINE
Vous nous avez chanté, à table, une jolie chanson, tout à l'heure. Pour qui est-ce donc qu'elle est faite ? Me la voulez-vous donner par écrit ?

FORTUNIO
Elle est faite pour vous, madame ; je meurs d'amour, et ma vie est à vous.
Il se jette à genoux.

JACQUELINE
Vraiment ! Je croyais que votre refrain défendait de celle qu'on aime.

FORTUNIO
Ah ! Jacqueline, ayez pitié de moi ; ce n'est pas d'hier que je souffre. Depuis deux ans, à travers ces charmilles, je suis la trace de vos pas. Depuis deux ans, sans que jamais peut-être vous ayez su mon existence, vous n'êtes pas sortie ou rentrée, votre ombre tremblante et légère n'a pas paru derrière vos rideaux, vous n'avez pas ouvert votre fenêtre, vous n'avez pas remué dans l'air, que je ne fusse là, que je ne vous aie vue ; je ne pouvais approcher de vous, mais votre beauté, grâce à Dieu, m'appartenait comme le soleil à tous; je la cherchais, je la respirais, je vivais de l'ombre de votre vie. Vous passiez le matin sur le seuil de la porte, la nuit j'y revenais pleurer. Quelques mots, tombés de vos lèvres, avaient pu venir jusqu'à moi, je les répétais tout un jour. Vous cultiviez les fleurs, ma chambre en était pleine. Vous chantiez le soir au piano, je savais par coeur vos romances. Tout ce que vous aimiez, je l'aimais ; je m'enivrais de ce qui avait passé sur votre bouche et dans votre coeur. Hélas ! je vois que vous souriez. Dieu sait que ma douleur est vraie, et que je vous aime à en mourir.

JACQUELINE
Je ne souris pas de vous entendre dire qu'il y a deux ans que vous m'aimez, mais je souris de ce que je pense qu'il y aura deux jours demain.

FORTUNIO
Que je vous perde, si la vérité ne m'est aussi chère que mon amour ! que je vous perde, s'il n'y a deux ans que je n'existe que pour vous !

JACQUELINE
Levez-vous donc ; si on venait, qu'est-ce qu'on penserait de moi ?

FORTUNIO
Non ! je ne me lèverai pas, je ne quitterai pas cette place, que vous ne croyiez à mes paroles. Si vous repoussez mon amour, du moins n'en douterez-vous pas.

JACQUELINE
Est-ce une entreprise que vous faites ?

FORTUNIO
Une entreprise pleine de crainte, pleine de misère et d'espérance. Je ne sais si je vis ou si je meurs; comment j'ai osé vous parler, je n'en sais rien.

Ma raison est perdue ; j'aime, je souffre ; il faut que vous le sachiez, que vous le voyiez, que vous me plaigniez.

JACQUELINE
Ne va-t-il pas rester là une heure, ce méchant enfant obstiné ? Allons, levez-vous, je le veux.

FORTUNIO, Se levant.
Vous croyez donc à mon amour ?

JACQUELINE
Non, je n'y crois pas ; cela m'arrange de n'y pas croire.

FORTUNIO
C'est impossible ! vous n'en pouvez douter.

JACQUELINE
Bah ! on ne se prend pas si vite à trois mots de galanterie.

FORTUNIO
De grâce! jetez les yeux sur moi. Qui m'aurait appris à tromper ? Je suis un enfant né d'hier, et je n'ai jamais aimé personne, si ce n'est vous qui l'ignoriez.

JACQUELINE
Vous faites la cour aux grisettes, je le sais comme si je l'avais vu.

FORTUNIO
Vous vous moquez. Qui a pu vous le dire ?

JACQUELINE
Oui, oui, vous allez à la danse et aux dîners sur le gazon.

FORTUNIO
Avec mes amis, le dimanche. Quel mal y a-t-il à cela?

JACQUELINE
Je vous l'ai déjà dit hier ; cela se conçoit ; vous êtes jeune, et à l'âge où le coeur est riche, on n'a pas les lèvres avares.

FORTUNIO
Que faut-il faire pour vous convaincre ? Je vous en prie, dites-le-moi.

JACQUELINE
Vous demandez un joli conseil. Eh bien ! il faudrait le prouver.

FORTUNIO
Seigneur mon Dieu, je n'ai que des larmes. Les larmes prouvent-elles qu'on aime? Quoi ! me voilà à genoux devant vous ; mon coeur à chaque battement voudrait s'élancer sur vos lèvres ; ce qui m'a jeté à vos pieds, c'est une douleur qui m'écrase, que je combats depuis deux ans, que je ne peux plus contenir, et vous restez froide et incrédule? Je ne puis faire passer en vous une étincelle du feu qui me dévore ? Vous niez même ce que je souffre, quand je suis prêt à mourir devant vous ? Ah ! c'est plus cruel qu'un refus ! c'est plus affreux que le mépris ! L'indifférence elle-même peut croire, et je n'ai pas mérité cela.

JACQUELINE
Debout ! on vient. Je vous crois, je vous aime ; sortez par le petit escalier ; revenez en bas, j'y serai.
Elle sort.

FORTUNIO, Seul.
Elle m'aime ! Jacqueline m'aime ! elle s'éloigne, elle me quitte ainsi! Non, je ne puis descendre encore.
Silence ! on approche ; quelqu'un l'a arrêtée ; on vient ici. Vite, sortons!
(Il lève la tapisserie.) Ah ! la porte est fermée en dehors, je ne puis sortir ; comment faire ? Si je descends par l'autre côté, je vais rencontrer ceux qui viennent.

CLAVAROCHE, en dehors.
Venez donc, venez donc un peu !

FORTUNIO
C'est le capitaine qui monte avec elle. Cachons-nous vite, et attendons ; il ne faut pas qu'on me voie ici. (Il se cache dans le fond de l'alcôve.)
Entrent Clavaroche et Jacqueline.

CLAVAROCHE, Se Jetant sur un sofa.
Parbleu, madame, je vous cherchais partout; que faisiez-vous donc toute seule ?

JACQUELINE, à part.
Dieu soit loué, Fortunio est parti.

CLAVAROCHE
Vous me laissez dans un tête-à-tête qui n'est vraiment pas supportable. Qu'ai-je à faire avec maître André, je vous prie? Et justement vous nous laissez ensemble, quand le vin joyeux de l'époux doit me rendre plus précieux l'aimable entretien de la femme.

FORTUNIO, caché.
C'est singulier ; que veut dire ceci ?

JACQUELINE
J'étais montée pour une emplette. C'est une chaîne qu'on vient de m'apporter.

CLAVAROCHE, Ouvrait l'écran qui est sur la table.
Voyons un peu. Sont-ce des anneaux ? Et dites-moi, qu'en voulez-vous faire? Est-ce que vous faites un cadeau ?

JACQUELINE
Vous savez bien que c'est notre fable.

CLAVAROCHE
Mais, en conscience, c'est de l'or. Si vous comptez tous les matins user du même stratagème, notre jeu finira bientôt par ne pas valoir... A propos ! que ce dîner m'a amusé, et quelle curieuse figure a notre jeune initié !

FORTUNIO, caché.
Initié! à quel mystère? Est-ce de moi qu'il veut parler?

CLAVAROCHE
La chaîne est belle ; c'est un bijou de prix. Vous avez eu là une singulière idée.

FORTUNIO, caché.
Ah ! il paraît qu'il est aussi dans la confidence de Jacqueline.

CLAVAROCHE

Comme il tremblait, le pauvre garçon, lorsqu'il a soulevé son verre ! Qu'il m'a réjoui avec ses coussins, et qu'il faisait plaisir à voir !

FORTUNIO, de même.
Assurément, c'est de moi qu'il parle, et il s'agit du dîner de tantôt.

CLAVAROCHE
Vous rendrez cela, je suppose, au bijoutier qui l'a fourni.

FORTUNIO, de même.
Rendre la chaîne! et pourquoi donc ?

CLAVAROCHE
Sa chanson surtout m'a ravi, et maître André l'a bien remarqué ; il en avait, Dieu me pardonne, la larme à l'oeil pour tout de bon.

FORTUNIO, de même.
Je n'ose croire ni comprendre encore. Est-ce un rêve? Suis-je éveillé? Qu'est-ce donc que ce Clavaroche?

CLAVAROCHE
Du reste, il devient inutile de pousser les choses plus loin. A quoi bon un tiers incommode ; si les soupçons ne reviennent plus? Ces maris ne manquent jamais d'adorer les amoureux de leurs femmes. Voyez ce qui est arrivé! Du moment qu'on se fie à vous, il faut souffler sur le chandelier.

JACQUELINE Qui peut savoir ce qui arrivera ? Avec ce caractère là, il n'y a jamais rien de sûr, et il faut garder sous la main de quoi se tirer d'embarras.

FORTUNIO, caché.
Qu'ils fassent de moi leur jouet, ce ne peut être sans motif. Toutes ces paroles sont des énigmes.

CLAVAROCHE
Je suis d'avis de le congédier.

JACQUELINE
Comme vous voudrez. Dans tout cela, ce n'est pas moi que je consulte. Quand le mal serait nécessaire, croyez-vous qu'il serait de mon choix ? Mais qui sait si demain, ce soir, dans une heure, ne viendra pas une bourrasque ? Il ne faut pas compter sur le calme avec le peu de sécurité.

CLAVAROCHE
Tu crois ?

FORTUNIO, caché.
Sang du Christ ! il est son amant.

CLAVAROCHE
Faites-en, du reste, ce que vous voudrez. Sans évincer tout à fait le jeune homme, on peut le tenir en haleine, mais d'un peu loin, et le mettre aux lisières.
Si les soupçons de maître André lui revenaient jamais en tête, eh bien! alors, on aurait à portée votre M. Fortunio, pour les détourner de nouveau. Je le tiens pour poisson d'eau vive ; il est friand de l'hameçon.

JACQUELINE
Il me semble qu'on a remué.

CLAVAROCHE
Oui, j'ai cru entendre un soupir.

JACQUELINE
C'est probablement Madeleine; elle range dans le cabinet.

ACTE III

SCENE I

Le jardin.
Entrent JACQUELINE et la servante.

LA SERVANTE
Madame, un danger vous menace. Comme j'étais tout à l'heure dans la salle, je viens d'entendre maître André qui causait avec un de ses clercs. Autant que j'ai pu deviner, il s'agissait d'une embuscade, lui doit avoir lieu cette nuit.

JACQUELINE
Une embuscade ? en quel lieu ? pour quoi faire ?

LA SERVANTE
Dans l'étude ; le clerc affirmait que la nuit dernière il vous avait vue, vous, madame, et un homme avec vous dans le jardin. Maître André jurait ses grands dieux qu'il voulait vous surprendre, et qu'il vous ferait un procès.

JACQUELINE
Tu ne te trompes pas, Madelon ?

LA SERVANTE
Madame fera ce qu'elle voudra. Je n'ai pas l'honneur de ses confidences ; cela n'empêche pas qu'on ne rende un service ; j'ai mon ouvrage qui m'attend.

JACQUELINE
C'est bien, et vous pouvez compter que je ne serai pas ingrate. Avez-vous vu Fortunio ce matin ? où est-il ? j'ai à lui parler.

LA SERVANTE
Il n'est pas venu à l'étude ; le jardinier, à ce que je crois, l'a aperçu. Mais on est en peine de lui, et on le cherchait tout à l'heure de tous les côtés du jardin.
Tenez, voilà M. Guillaume, le premier clerc, qui le cherche encore ; le voyez-vous passer là-bas ?

GUILLAUME, au fond du théâtre.
Holà ! Fortunio ! Fortunio ! holà ! où es-tu ?

JACQUELINE Va, Madelon, tâche de le trouver. Madelon sort. Entre Clavaroche.

CLAVAROCHE
Que diantre se passe-t-il donc ici ? comment ! moi qui ai quelques droits, je pense, à l'amitié de maître André, il me rencontre et ne me salue pas ; les clercs me regardent de travers, et je ne sais si le chien lui même ne voulait me prendre aux talons. Qu'est-il advenu, je vous prie? et à quel propos maltraite-t-on les gens?

JACQUELINE Nous n'avons pas sujet de rire ; ce que j'avais prévu arrive, et sérieusement cette fois; nous n'en sommes plus aux paroles, mais à l'action.

CLAVAROCHE
A l'action ? que voulez-vous dire ?

JACQUELINE
Que ces maudits clercs font le métier d'espions, qu'on nous a vus, que maître André le sait, qu'il veut se cacher dans l'étude, et que nous courons les plus grands dangers.

CLAVAROCHE
N'est-ce que cela qui vous inquiète ?

JACQUELINE Assurément ; que voulez-vous de pire? Qu'aujourd'hui nous leur échappions; puisque nous sommes avertis, ce n'est pas là le difficile ; mais du moment que maître André agit sans rien dire, nous avons tout à craindre de lui.

CLAVAROCHE
Vraiment, c'est là toute l'affaire, et il n'y a pas plus de mal que cela ?

JACQUELINE
Etes-vous fou ? Comment est-il possible que vous en plaisantiez ?

CLAVAROCHE
C'est qu'il n'y a rien de si simple que de nous tirer d'embarras. Maître André, dites-vous, est furieux ? eh bien ! qu'il crie ; quel inconvénient ? Il veut se mettre en embuscade ? qu'il s'y mette, il n'y a rien de mieux.

Les clercs sont-ils de la partie? qu'ils en soient avec toute la ville, si cela les peut divertir. Ils veulent surprendre la belle Jacqueline et son très humble serviteur ? hé ! qu'ils surprennent ; je ne m'y oppose pas. Que voyez-vous là qui nous gêne ?

JACQUELINE
Je ne comprends rien à ce que vous dites.

CLAVAROCHE
Faites-moi venir Fortunio. Où est-il fourré, ce monsieur? Comment, nous sommes en péril, et le drôle nous abandonne ! Allons ! vite, avertissez-le.

JACQUELINE
J'y ai pensé ; on ne sait où il est, et il n'a pas paru ce matin.

CLAVAROCHE
Bon ! cela est impossible ; il est par là quelque part dans vos jupes ; vous l'avez oublié dans une armoire, et votre servante l'aura par mégarde accroché au porte manteau.

JACQUELINE
Mais encore, en quelle façon peut-il nous être utile ?
J'ai demandé où il était, sans trop savoir pourquoi moi-même ; je ne vois pas, en y réfléchissant, à quoi il peut nous être bon.

CLAVAROCHE
Hé ! ne voyez-vous pas que je m'apprête à lui faire le plus grand sacrifice ? Il ne s'agit pas d'autre chose que de lui céder pour ce soir tous les privilèges de l'amour.

JACQUELINE
Pour ce Soir ? et dans quel dessein ?

CLAVAROCHE
Dans le dessein positif et formel que ce digne maître André ne passe pas inutilement une nuit à la belle étoile. Ne voudriez-vous pas que ces pauvres clercs qui se vont donner bien du mal ne trouvent personne au logis? Fi donc ! nous ne pouvons permettre que ces honnêtes gens restent les mains vides; il faut leur dépêcher quelqu'un.

JACQUELINE
Cela ne sera pas ; trouvez autre chose ; vous avez là une idée horrible et je ne puis y consentir.

CLAVAROCHE
Pourquoi horrible ? Rien n'est plus innocent. Vous écrivez un mot à Fortunio, si vous ne pouvez le trouver vous-même ; car le moindre mot en ce monde vaut mieux que le plus gros écrit. Vous le faites venir ce soir, sous prétexte d'un rendez-vous. Le voilà entré; les clercs le surprennent, et maître André le prend au collet. Que voulez-vous qu'il lui arrive ? Vous descendez là-dessus en cornette, et demandez pourquoi on fait du bruit, le plus naturellement du monde. On vous l'explique. Maître André en fureur vous demande à son tour pourquoi son jeune clerc se glisse dans son jardin. Vous rougissez d'abord quelque peu, puis vous avouez sincèrement tout ce qu'il vous plaira d'avouer : que ce garçon visite vos marchands, qu'il vous apporte en secret des bijoux, en un mot, la vérité pure. Qu'y a-t-il là de si effrayant ?

JACQUELINE
On ne me croira pas. La belle apparence que je donne des rendez-vous pour payer des mémoires !

CLAVAROCHE
On croit toujours ce qui est vrai. La vérité a un accept impossible à méconnaître et les coeurs bien nés ne s'y trompent jamais. N'est-ce donc pas, en effet, à vos commissions que vous employez ce jeune homme ?

JACQUELINE
Oui.

CLAVAROCHE
Eh bien donc ! puisque vous le faites, vous le direz, et on le verra bien. Qu'il ait les preuves dans sa poche, un écrin, comme hier, la première chose venue, cela suffira. Songez donc que si nous n'employons ce moyen, nous en avons pour une année entière. Maître André s'embusque aujourd'hui, il se rembusquera demain, et ainsi de suite jusqu'à ce qu'il nous surprenne. Moins il trouvera, plus il cherchera ; mais qu'il trouve une fois pour toutes, et nous en voilà délivrés.

JACQUELINE
C'est impossible ! il n'y faut pas songer.

CLAVAROCHE
Un rendez-vous dans un jardin n'est pas, d'ailleurs, un si gros péché. A la rigueur, si vous craignez l'air, vous n'avez qu'à ne pas descendre. On ne trouvera que le jeune homme, et il s'en tirera toujours. Il serait plaisant qu'une femme ne puisse prouver qu'elle est innocente quand elle l'est. Allons, vos tablettes, et prenez-moi le crayon que voici.

JACQUELINE
Vous n'y pensez pas, Clavaroche; c'est un guet-apens que vous faites là.

CLAVAROCHE, lui présentant un crayon et du papier.
Écrivez donc, je vous en prie : " A minuit, ce soir, au jardin. "

JACQUELINE
C'est envoyer cet enfant dans un piège, c'est le livrer à l'ennemi.

CLAVAROCHE
Ne signez pas, c'est inutile. (Il prend le papier.) Franchement, ma chère, la nuit sera fraîche, et vous ferez mieux de rester chez vous Laissez ce jeune homme se promener seul, et profiter du temps qu'il fait. Je crois, comme vous, qu'on aurait peine à croire que c'est pour vos marchands qu'il vient. Vous ferez mieux, si on vous interroge, de dire que vous ignorez tout, et que vous n'êtes pour rien dans l'affaire.

JACQUELINE
Ce mot d'écrit sera un témoin.

CLAVAROCHE
Fi donc ! nous autres gens de coeur, pensez-vous que nous allions montrer à un mari de l'écriture de sa femme ? Que pourrions-nous, d'ailleurs, y gagner ? en serions-nous donc moins coupables de ce qu'un crime serait partagé ? D'ailleurs, vous voyez bien que votre main tremblait un peu sans doute, et que ces caractères sont presque déguisés? Allons, je vais donner cette lettre au jardinier, Fortunio l'aura tout de suite.
Venez; les vautours ont leur proie, et l'oiseau de Vénus, la pâle tourterelle, peut dormir en paix sur son nid.
Ils sortent.

SCENE II

Une charmille.

FORTUNIO, seul, assis sur l'herbe.
Rendre un jeune homme amoureux de soi, uniquement pour détourner sur lui les soupçons tombés sur un autre ; lui laisser croire qu'on l'aime, le lui dire au besoin ; troubler peut-être bien des nuits tranquilles; remplir de doute et d'espérance un coeur jeune et prêt à souffrir ; jeter une pierre dans un lac qui n'avait jamais eu encore une seule ride à sa surface; exposer un homme aux soupçons, à tous les dangers de l'amour heureux, et cependant ne lui rien accorder; rester immobile et inanimée dans une oeuvre de vie et de mort ; tromper, mentir, mentir du fond du coeur ; faire de son corps un appât ; jouer avec tout ce qu'il y a de sacré sous le ciel, comme un voleur avec des dés pipés ; voilà ce qui fait sourire une femme ! voilà ce qu'elle fait d'un petit air distrait.
Il se lève.
C'est ton premier pas, Fortunio, dans l'apprentissage du monde. Pense, réfléchis, compare, examine; ne te presse pas de juger. Cette femme-là a un amant qu'elle aime ; on la soupçonne, on la tourmente, on la menace; elle est effrayée, elle va perdre l'homme qui remplit sa vie, qui est pour elle plus que le monde entier. Son mari se lève en sursaut, averti par un espion ; il la réveille, il veut la traîner à la barre d'un tribunal. Sa famille va la renier, une ville entière va la maudire ; elle est perdue et déshonorée, et cependant elle aime et ne peut cesser d'aimer. A tout prix il faut qu'elle sauve l'unique objet de ses inquiétudes, de ses angoisses et de ses douleurs ; il faut qu'elle aime pour continuer de vivre, et qu'elle trompe pour aimer. Elle se penche à sa fenêtre, elle voit un jeune homme au bas ; qui est-ce ? elle ne le connaît point, elle n'a jamais rencontré son visage ; est-il bon ou méchant, discret ou perfide, sensible ou insouciant ? Elle n'en sait rien ; elle a besoin de lui, elle l'appelle, elle lui fait signe, elle ajoute une fleur à sa parure, elle parle; elle a mis sur une carte le bonheur de sa vie, et elle le joue à rouge ou noir. Si elle s'était aussi bien adressée à Guillaume qu'à moi, que serait-il arrivé de cela? Guillaume est un garçon honnête, mais qui ne s'est jamais aperçu que son coeur lui servît à autre chose qu'à respirer.
Guillaume aurait été ravi d'aller dîner chez son patron, d'être à côté de Jacqueline à table, tout comme j'en ai été ravi moi-même ; mais il n'en aurait pas vu davantage ; il ne serait devenu amoureux que de la cave de maître André; il ne se serait point jeté à genoux; il n'aurait point écouté aux portes ; c'eût été pour lui tout profit. Quel mal y eût-il eu alors qu'on se servît de lui à son insu, pour détourner les soupçons d'un mari?

Aucun. Il eût paisiblement rempli l'office qu'on lui eût demandé ; il eût vécu heureux, tranquille, dix ans sans s'en apercevoir. Jacqueline aussi eût été heureuse, tranquille, dix ans sans lui en dire un mot. Elle lui aurait fait des coquetteries, et il y aurait répondu ; mais rien n'eût tiré à conséquence. Tout se serait passé à merveille, et personne ne pourrait se plaindre, le jour où la vérité viendrait.
Il se rassoit.
Pourquoi s'est-elle adressée à moi ? Savait-elle donc que je l'aimais ? Pourquoi à moi plutôt qu'à Guillaume? Est-ce hasard? est-ce calcul? Peut-être, au fond, se doutait-elle que je n'étais pas indifférent; m'avait-elle vu à cette fenêtre? S'était-elle jamais retournée le soir, quand je l'observais dans le jardin ?
Mais si elle savait que je l'aimais, pourquoi alors?
Parce que cet amour rendait son projet plus facile, et que j'allais, dès le premier mot, me prendre au piège qu'elle me tendait. Mon amour n'était qu'une chance favorable ; elle n'y a vu qu'une occasion.
Est-ce bien sûr ? N'y a-t-il rien autre chose ? Quoi ! elle voit que je vais souffrir, et elle ne pense qu'à en profiter ! Quoi ! elle me trouve sur ses traces, l'amour dans le coeur, le désir dans les yeux, jeune et ardent, prêt à mourir pour elle, et lorsque, me voyant à ses pieds, elle me sourit et me dit qu'elle m'aime, c'est un calcul, et rien de plus! Rien, rien de vrai dans ce sourire, dans cette main qui m'effleure la main, dans ce son de voix qui m'enivre ? O Dieu juste ! s'il en est ainsi, à quel monstre ai-je donc affaire, et dans quel abîme suis-je tombé ?
Il se lève.
Non ! tant d'horreur n'est pas possible ! Non, une femme ne saurait être une statue malfaisante, à la fois vivante et glacée! Non, quand je le verrais de mes yeux, quand je l'entendrais de sa bouche, je ne croirais pas à un pareil métier. Non, quand elle me souriait, elle ne m'aimait pas pour cela, mais elle souriait de voir que je l'aimais. Quand elle me tendait la main, elle ne me donnait pas son coeur, mais elle laissait le mien se donner. Quand elle me disait : Je vous aime, elle voulait dire, aimez-moi. Non, Jacqueline n'est pas méchante ; il n'y a là ni calcul, ni froideur. Elle ment, elle trompe, elle est femme ; elle est coquette, railleuse, joyeuse, audacieuse, mais non infâme, non insensible.
Ah ! insensé! tu l'aimes ! tu l'aimes ! tu pries, tu pleures, et elle se rit de toi !
Entre Madelon.

MADELON
Ah ! Dieu merci, je vous trouve enfin ; madame vous demande; elle est dans sa chambre. Venez vite, elle vous attend.

FORTUNIO
Sais-tu ce qu'elle a à me dire ? Je ne saurais y aller maintenant.

MADELON
Vous avez donc affaire aux arbres? Elle est bien inquiète, allez; toute la maison est en colère.

LE JARDINIER, entrant.
Vous voilà donc, monsieur, on vous cherche partout; voilà un mot d'écrit pour vous, que notre maîtresse m'a donné tantôt.

FORTUNIO, lisant.
" A minuit ce soir au jardin. " (Haut.) C'est de la part de Jacqueline ?

LE JARDINIER
Oui, monsieur ; y a-t-il réponse ?

GUILLAUME, entrant.
Que fais-tu donc, Fortunio? on te demande dans l'étude.

FORTUNIO
J'y vais, j'y vais. (Bas à Madelon.) Qu'est-ce que tu disais tout à l'heure? Quelle inquiétude a ta maîtresse?

MADELON, bas.
C'est un secret ; maître André s'est fâché.

FORTUNIO, de même.
Il s'est fâché ? Pour quelle raison ?

MADELON, de même.
Il s'est mis en tête que madame recevait quelqu'un en secret. Vous n'en direz rien, n'est-ce pas ? Il veut se cacher cette nuit dans l'étude; c'est moi qui ai découvert cela, et si je vous le dis, dam ! c'est que je pense que vous n'y êtes pas indifférent.

FORTUNIO
Pourquoi se cacher dans l'étude ?

MADELON
Pour tout surprendre et faire son procès.

FORTUNIO
En vérité ! est-ce possible ?

LE JARDINIER
Y a-t-il réponse, monsieur ?

FORTUNIO
J'y vais moi-même ; allons, partons.
Ils sortent.

SCENE III

Une chambre.

JACQUELINE, Seule.
Non, cela ne se fera pas. Qui sait ce qu'un homme comme maître André, une fois poussé à la violence, peut inventer pour se venger? Je n'enverrai pas ce jeune homme à un péril aussi affreux. Ce Clavaroche est sans pitié ; tout est pour lui champ de bataille, et il n'a d'entrailles pour rien. A quoi bon exposer Fortunio, lorsqu'il n'y a rien de si simple que de n'exposer ni soi ni personne? Je veux croire que tout soupçon s'évanouirait par ce moyen ; mais le moyen lui-même est un mal, et je ne veux pas l'employer. Non, cela me coûte et me déplaît ; je ne veux pas que ce garçon soit maltraité ; puisqu'il dit qu'il m'aime, eh bien ! soit. Je ne rends pas le mal pour le bien.
Entre Fortunio.
On a dû vous remettre un billet de ma part ; l'avez vous lu ?

FORTUNIO
On me l'a remis, et je l'ai lu ; vous pouvez disposer de moi.

JACQUELINE
C'est inutile, j'ai changé d'avis, déchirez-le, et n'en parlons jamais.

FORTUNIO
Puis-je vous servir en quelque autre chose ?

JACQUELINE, à part.
C'est singulier, il n'insiste pas. (Haut.) Mais non ; je n'ai pas besoin de vous. Je vous avais demandé votre chanson.

FORTUNIO
La voilà. Sont-ce tous vos ordres ?

JACQUELINE
Oui ; je crois qu'oui. Qu'avez-vous donc ? Vous êtes pâle, ce me semble.

FORTUNIO
Si ma présence vous est inutile, permettez-moi de me retirer.

JACQUELINE
Je l'aime beaucoup, cette chanson ; elle a un petit air naïf qui va avec votre coiffure, et elle est bien faite par vous.

FORTUNIO
Vous avez beaucoup d'indulgence.

JACQUELINE
Oui, voyez-vous, j'avais eu d'abord l'idée de vous faire venir ; mais j'ai réfléchi, c'est une folie ; je vous ai trop vite écouté. Mettez-vous donc au piano, et chantez-moi votre romance.

FORTUNIO
Excusez-moi, je ne saurais maintenant.

JACQUELINE
Et pourquoi donc ? Etes-vous souffrant, ou si c'est un méchant caprice ? J'ai presque envie de vouloir que vous chantiez, bon gré mal gré. Est-ce que je n'ai pas quelque droit de seigneur sur cette feuille de papier-là ?
(Elle place la chanson sur le piano.)

FORTUNIO
Ce n'est pas mauvaise volonté ; je ne puis rester plus longtemps, et maître André a besoin de moi.

JACQUELINE
Il me plaît assez que vous soyez grondé; asseyez-vous là et chantez.

FORTUNIO
Si vous l'exigez, j'obéis.
Il s'assied.

JACQUELINE
Eh bien ! à quoi pensez-vous donc ? Est-ce que vous attendez qu'on vienne ?

FORTUNIO
Je souffre ; ne me retenez pas.

JACQUELINE
Chantez d'abord, nous verrons ensuite si vous souffrez et si je vous retiens. Chantez, vous dis-je, je le veux. Vous ne chantez pas ? Eh bien ! que fait-il donc ?
Allons, voyons, si vous chantez, je vous donnerai le bout de ma mitaine.

FORTUNIO
Tenez, Jacqueline, écoutez-moi. Vous auriez mieux fait de me le dire, et j'aurais consenti à tout.

JACQUELINE
Qu'est-ce que vous dites ? de quoi parlez-vous ?

FORTUNIO
Oui, vous auriez mieux fait de me le dire; oui, devant Dieu, j'aurais tout fait pour vous.

JACQUELINE
Tout fait pour moi ? Qu'entendez-vous par là ?

FORTUNIO
Ah ! Jacqueline ! Jacqueline ! il faut que vous l'aimiez beaucoup ; il doit vous en coûter de mentir et de railler ainsi sans pitié.

JACQUELINE
Moi ? je vous raille ? Qui vous l'a dit ?

FORTUNIO
Je vous en supplie, ne mentez pas davantage; en voilà assez; je sais tout.

JACQUELINE
Mais enfin, qu'est-ce que vous savez ?

FORTUNIO
J'étais hier dans votre chambre lorsque Clavaroche était là.

JACQUELINE
Est-ce possible ? Vous étiez dans l'alcôve ?

FORTUNIO
Oui, j'y étais ; au nom du ciel, ne dites pas un mot là dessus.
Un silence.

JACQUELINE
Puisque vous savez tout, monsieur, il ne me reste maintenant qu'à vous prier de garder le silence. Je sens assez mes torts envers vous pour ne pas même vouloir tenter de les affaiblir à vos yeux. Ce que la nécessité commande, et ce à quoi elle peut entraîner, un autre que vous le comprendrait peut-être, et pourrait, sinon pardonner, du moins excuser

ma conduite. Mais vous êtes, malheureusement, une partie trop intéressée pour en juger avec indulgence. Je suis résignée et j'attends.

FORTUNIO
N'ayez aucune espèce de crainte. Si je fais rien qui puisse vous nuire, je me coupe cette main-là.

JACQUELINE
Il me suffit de votre parole, et je n'ai pas droit d'en douter. Je dois même dire que, si vous l'oubliiez, j'aurais encore moins le droit de m'en plaindre. Mon imprudence doit porter sa peine. C'est sans vous connaître, monsieur, que je me suis adressée à vous. Si cette circonstance rend ma faute moindre, elle rendait mon danger plus grand. Puisque je m'y suis exposée, traitez-moi donc comme vous l'entendrez. Quelques paroles échangées hier voudraient peut-être une explication. Ne pouvant tout justifier, j'aime mieux me taire sur tout. Laissez-moi croire que votre orgueil est la seule personne offensée. Si cela est, que ces deux jours s'oublient ; plus tard, nous en reparlerons.

FORTUNIO
Jamais ; c'est le souhait de mon coeur.

JACQUELINE
Comme vous voudrez ; je dois obéir. Si cependant je ne dois plus vous voir, j'aurais un mot à ajouter. De vous à moi, je suis sans crainte, puisque vous me promettez le silence. Mais il existe une autre personne dont la présence dans cette maison peut avoir des suites fâcheuses.

FORTUNIO
Je n'ai rien à dire à ce sujet.

JACQUELINE
Je vous demande de m'écouter. Un éclat entre vous et lui, vous le sentez, est fait pour me perdre. Je ferai tout pour le prévenir. Quoi que vous puissiez exiger, je m'y soumettrai sans murmure. Ne me quittez pas sans y réfléchir; dictez vous-même les conditions. Faut-il que la personne dont je parle s'éloigne d'ici pendant quelque temps ? Faut-il qu'elle s'excuse près de vous ?
Ce que vous jugerez convenable, sera reçu par moi comme une grâce, et par elle comme un devoir. Le souvenir de quelques plaisanteries m'oblige à vous interroger sur ce point. Que décidez-vous ? répondez.

FORTUNIO
Je n'exige rien. Vous l'aimez ; soyez en paix, tant qu'il vous aimera.

JACQUELINE
Je vous remercie de ces deux promesses. Si vous veniez à vous en repentir, je vous répète que toute condition sera reçue, imposée par vous. Comptez sur ma reconnaissance. Puis-je dès à présent réparer autrement mes torts ? Est-il en ma disposition quelque moyen de vous obliger ? Quand vous ne devriez pas me croire, je vous avoue que je ferais tout au monde pour vous laisser de moi un souvenir moins désavantageux.
Que puis-je faire ? je suis à vos ordres.

FORTUNIO
Rien. Adieu, madame. Soyez sans crainte; vous n'aurez jamais à vous plaindre de moi.
Il va pour sortir, et prend sa romance.

JACQUELINE
Ah ! Fortunio, laissez-moi cela.

FORTUNIO
Et qu'en ferez-vous, cruelle que vous êtes ? Vous me parlez depuis un quart d'heure, et rien du coeur ne vous sort des lèvres. Il s'agit bien de vos excuses, de sacrifices et de réparations! il s'agit bien de votre Clavaroche et de sa sotte vanité ! il s'agit bien de mon orgueil ! Vous croyez donc l'avoir blessé ? vous croyez donc que ce qui m'afflige, c'est d'avoir été pris pour dupe et plaisanté à ce dîner? Je ne m'en souviens seulement pas. Quand je vous dis que je vous aime, vous croyez donc que je n'en sens rien ? Quand je vous parle de deux ans de souffrances, vous croyez donc que je fais comme vous ? Eh quoi ! vous me brisez le coeur, vous prétendez vous en repentir, et c'est ainsi que vous me quittez! La nécessité, dites-vous, vous a fait commettre une faute, et vous en avez du regret ; vous rougissez, vous détournez la tête; ce que je souffre vous fait pitié ; vous me voyez, vous comprenez votre oeuvre; et la blessure que vous m'avez faite, voilà comme vous la guérissez! Ah ! elle est au coeur, Jacqueline, et vous n'aviez qu'à tendre la main. Je vous le jure, si vous l'aviez voulu, quelque honteux qu'il soit de le dire, quand vous en souririez vous-même, j'étais capable de consentir à tout. O Dieu ! la force m'abandonne ; je ne peux pas sortir d'ici.
Il s'appuie sur un meuble.

JACQUELINE
Pauvre enfant! je suis bien coupable. Tenez, respirez ce flacon.

FORTUNIO
Ah ! gardez-les, gardez-les pour lui, ces soins dont je ne suis pas digne; ce n'est pas pour moi qu'ils sont faits. Je n'ai pas l'esprit inventif, je ne suis ni heureux ni habile ; je ne saurais, à l'occasion, forger un profond stratagème. Insensé ! j'ai cru être aimé ! oui, parce que vous m'aviez souri, parce que votre main tremblait dans la mienne, parce que vos yeux semblaient chercher mes yeux, et m'inviter comme deux anges à un festin de joie et de vie ; parce que vos lèvres s'étaient ouvertes, et qu'un vain son en était sorti; oui, je l'avoue, j'avais fait un rêve, j'avais cru qu'on aimait ainsi. Quelle misère ! Est-ce à une parade que votre sourire m'avait félicité de la beauté de mon cheval?
Est-ce le soleil, dardant sur mon casque, qui vous avait ébloui les yeux ? Je sortais d'une salle obscure, d'où je suivais depuis deux ans vos promenades dans une allée ; j'étais un pauvre dernier clerc qui s'ingérait de pleurer en silence. C'était bien là ce qu'on pouvait aimer !

JACQUELINE
Pauvre enfant!

FORTUNIO
Oui, pauvre enfant ! dites-le encore, car je ne sais si je rêve ou si je veille, et, malgré tout, si vous ne m'aimez pas. Depuis hier, je suis assis à terre, je me frappe le coeur et le front ; je me rappelle ce que mes yeux ont vu, ce que mes oreilles ont entendu, et je me demande si c'est possible. A l'heure qu'il est, vous me le dites, je le sens, j'en souffre, j'en meurs, et je n'y crois ni ne le comprends. Que vous avais-je fait, Jacqueline? Comment se peut-il que, sans aucun motif, sans avoir pour moi ni amour ni haine, sans me connaître, sans m'avoir jamais vu ; comment se peut-il que vous que tout le monde aime, que j'ai vue faire la charité et arroser ces fleurs que voilà, qui êtes bonne, qui croyez en Dieu, à qui jamais...~Ah ! je vous accuse, vous que j'aime plus que ma vie! O ciel ! vous ai-je fait un reproche ? Jacqueline, pardonnez-moi.

JACQUELINE
Calmez-vous ; venez ; calmez-vous.

FORTUNIO
Et à quoi suis-je bon, grand Dieu, sinon à vous donner ma vie ? sinon au plus chétif usage que vous voudrez faire de moi ? sinon à vous suivre, à vous préserver, à écarter de vos pieds une épine ? J'ose me plaindre, et

vous m'aviez choisi ! ma place était à votre table, j'allais compter dans votre existence. Vous alliez dire à la nature entière, à ces jardins, à ces prairies, de me sourire comme vous ; votre belle et radieuse image commençait à marcher devant moi, et je la suivais; j'allais vivre ; est-ce que je vous perds, Jacqueline ? est-ce que j'ai fait quelque chose pour que vous me chassiez? pourquoi donc ne voulez-vous pas faire encore semblant de m'aimer ?
Il tombe sans connaissance.

JACQUELINE, Courant à lui.
Seigneur, mon Dieu, qu'est-ce que j'ai fait? Fortunio, revenez à vous.

FORTUNIO
Qui êtes-vous ? laissez-moi partir.

JACQUELINE
Appuyez-vous; venez à la fenêtre; de grâce, appuyez-vous sur moi; posez ce bras sur mon épaule, je vous en supplie, Fortunio.

FORTUNIO
Ce n'est rien ; me voilà remis.

JACQUELINE
Comme il est pâle, et comme son coeur bat ! voulez-vous vous mouiller les tempes! Prenez ce coussin, prenez ce mouchoir; vous suis-je tellement odieuse que vous me refusiez cela ?

FORTUNIO
Je me sens mieux, je vous remercie.

JACQUELINE
Comme ces mains-là sont glacées! où allez-vous ?
vous ne pouvez sortir. Attendez du moins un instant.
Puisque je vous fais tant souffrir, laissez-moi du moins vous soigner.

FORTUNIO
C'est inutile, il faut que je descende. Pardonnez-moi ce que j'ai pu vous dire ; je n'étais pas maître de mes paroles.

JACQUELINE
Que voulez-vous que je vous pardonne ? Hélas ! c'est vous qui ne pardonnez pas. Mais qui vous presse?

pourquoi me quitter? vos regards cherchent quelque chose. Ne me reconnaissez-vous pas ? Restez en repos, je vous conjure. Pour l'amour de moi, Fortunio, vous ne pouvez sortir encore.

FORTUNIO
Non ! adieu ; je ne puis rester.

JACQUELINE
Ah ! je vous ai fait bien du mal !

FORTUNIO
On me demandait quand je suis monté; adieu, madame, comptez sur moi.

JACQUELINE
Vous reverrai-je ?

FORTUNIO
Si vous voulez.

JACQUELINE
Monterez-vous ce soir au salon ?

FORTUNIO
Si cela vous plaît.

JACQUELINE
Vous partez donc ? encore un instant!

FORTUNIO
Adieu ! adieu ! je ne puis rester.
Il sort.

JACQUELINE, appelle.
Fortunio ! écoutez-moi !

FORTUNIO, rentrant.
Que me voulez-vous, Jacqueline ?

JACQUELINE
Ecoutez-moi, il faut que je vous parle. Je ne veux pas vous demander pardon ; je ne veux revenir sur rien ; je ne veux pas me justifier. Vous êtes bon, brave et sincère ; j'ai été fausse et déloyale ; je ne peux pas vous quitter ainsi.

FORTUNIO
Je vous pardonne de tout mon coeur.

JACQUELINE
Non, vous souffrez, le mal est fait. Où allez-vous ?
que voulez-vous faire? comment se peut-il, sachant tout, que vous soyez revenu ici ?

FORTUNIO
Vous m'aviez fait demander.

JACQUELINE
Mais vous veniez pour me dire que je vous verrais à ce rendez-vous. Est-ce que vous y seriez venu ?

FORTUNIO
Oui, si c'était pour vous rendre service, et je vous avoue que je le croyais.

JACQUELINE
Pourquoi pour me rendre service ?

FORTUNIO
Madelon m'a dit quelques mots...

JACQUELINE
Vous le saviez, malheureux, et vous veniez à ce jardin!

FORTUNIO
Le premier mot que je vous ai dit de ma vie, c'est que je mourrais de bon coeur pour vous, et le second, c'est que je ne mentais jamais.

JACQUELINE
Vous le saviez et vous veniez ! Songez-vous à ce que vous dites ? Il s'agissait d'un guet-à-pens.

FORTUNIO
Je savais tout.

JACQUELINE
Il s'agissait d'être surpris, d'être tué peut-être, traîné en prison ; que sais-je ? c'est horrible à dire.

FORTUNIO
Je savais tout.

JACQUELINE
Vous saviez tout ? vous saviez tout ? Vous étiez caché là, hier, dans cette alcôve, derrière ce rideau. Vous écoutiez, n'est-il pas vrai? vous saviez encore tout, n'est-ce pas ?

FORTUNIO
Oui.

JACQUELINE
Vous saviez que je mens, que je trompe, que je vous raille, et que je vous tue ? vous saviez que j'aime Clavaroche, et qu'il me fait faire tout ce qu'il veut ? que je joue une comédie ? que là, hier, je vous ai pris pour dupe? que je suis lâche et méprisable? que je vous expose à la mort par plaisir ? vous saviez tout, vous en étiez sûr ? Eh bien! eh bien!... qu'est-ce que vous savez maintenant ?

FORTUNIO
Mais, Jacqueline, je crois... je sais...

JACQUELINE
Sais-tu que je t'aime, enfant que tu es ? qu'il faut que tu me pardonnes ou que je meure, et que je te le demande à genoux ?

SCENE DERNIERE

La salle à manger.

MAITRE ANDRÉ, CLAVAROCHE, FORTUNIO et JACQUELINE, à table.

MAITRE ANDRÉ
Grâces au ciel, nous voilà tous joyeux, tous réunis, et tous amis. Si je doute jamais de ma femme, puisse mon vin m'empoisonner !

JACQUELINE
Donnez-moi donc à boire, monsieur Fortunio.

CLAVAROCHE, bas.
Je vous répète que votre clerc m'ennuie ; faites-moi la grâce de le renvoyer.

JACQUELINE, bas.
Je fais ce que vous m'avez dit.

MAITRE ANDRÉ
Quand je pense qu'hier j'ai passé la nuit dans l'étude à me morfondre sur un maudit soupçon, je ne sais de quel nom m'appeler.

JACQUELINE
Monsieur Fortunio, donnez-moi donc ce coussin.

CLAVAROCHE, bas.
Me croyez-vous un autre maître André? Si votre clerc ne sort de la maison, j'en sortirai tantôt moi même.

JACQUELINE Je fais ce que vous m'avez dit.

MAITRE ANDRÉ
Mais je l'ai conté à tout le monde ; il faut que justice se fasse ici-bas. Toute la ville saura qui je suis; et désormais, pour pénitence, je ne douterai de quoi que ce soit.

JACQUELINE
Monsieur Fortunio, je bois à vos amours.

CLAVAROCHE, bas.
En voilà assez, Jacqueline, et je comprends ce que cela signifie. Ce n'est pas là ce que je vous ai dit.

MAITRE ANDRÉ
Oui ! aux amours de Fortunio !
Il chante.
Amis, buvons, buvons sans cesse.

FORTUNIO
Cette chanson-là est bien vieille; chantez donc, monsieur Clavaroche !